Ulrike Lange-Michael

Wir vom Jahrgang 1954

Kindheit und Jugend

Impressum

Bildnachweis:

Archiv Eugen Sauter: S. 5, 18, 32; Ulrike Lange-Michael: S. 7, 8, 9, 10 u., 11, 15, 16, 17, 24, 28 u., 30 u., 33, 34, 45, 46, 47, 49, 55 o., 56, 60, 63; M. Götz, Stuttgart: S. 12; Rainer Kaiser, Schwäbisch-Gmünd: S. 19; Presse-Bild-Poss: S. 21, 31; Archiv Gustav Hildebrand: S. 22 o., 26, 27, 29, 36, 39; Karl-Heinz Frank, Buseck: S. 22 u.; Hildegard Nier, Hungen: S. 23; © EGMONT Verlagsgesellschaften mbH/Schneider Buch, Köln: S. 40 o.; Verlag Carl Ueberreuter, Wien: S. 40 u.; Archiv Klaus Meier-Ude: S. 41 o.; Asta Stolze, Adendorf: S. 41 u.; Archiv Otto Beck: S. 43; 50er Jahre Museum Büdingen: S. 48; Gundi Kampf, Wiehl: S. 51; Klaus Leppner, Lahnau: S. 53; Robert Richter, Linden: S. 54 o.; Reiner Laucht, Wettenberg: S. 59; Ursula Fülbert, Darmstadt: S. 62;
ullstein bild – United Archives: S. 10 o., 54 u.; ullstein bild – SPUTNIK: S. 14; ullstein bild – Jung: S. 28 o.; ullstein bild – NMSI/Science Museum / Science Museum: S. 30 o.; ullstein bild – ullstein bild: S. 35 o.; ullstein bild – Stark-Otto: S. 58;
picture-alliance/(c) dpa – Bildarchiv: S. 35 u.; picture-alliance/(c) dpa – Report: S. 44; picture-alliance/Klaus Rose: S. 52; picture-alliance/(c) dpa – Bildarchiv: S. 55 u.; picture-alliance/(c) dpa – Report: S. 61 o.; picture-alliance: S. 61 u.;

Wir danken allen Lizenzträgern für die freundliche Abdruckgenehmigung.
In Fällen, in denen es nicht gelang, Rechtsinhaber an Abbildungen zu ermitteln, bleiben Honoraransprüche gewahrt.

Besuchen Sie das 50er-Jahre-Museum in Büdingen mit seinen unzähligen Exponaten aus einer spannenden Epoche:

50er-Jahre-Museum e.V.
Auf dem Damm 3
63654 Büdingen

18. Auflage 2024

Gestaltung und Satz: r2 | Ravenstein, Verden
Druck: Druck- und Verlagshaus Thiele & Schwarz GmbH, Kassel
Buchbinderische Verarbeitung: Buchbinderei S. R. Büge, Celle

34281 Gudensberg-Gleichen • Im Wiesental 1
Telefon: 056 03/9 30 50 • www.wartberg-verlag.de
ISBN: 978-3-8313-3054-6

Vorwort

Liebe 54er!

Unsere Kindheit in den 50er-Jahren ist weit entfernt und wird oft verklärt. Doch nach einem verlorenen Krieg, nach Zerstörung und mühsamem Aufbau setzte sich damals, als wir geboren wurden, die Zuversicht in eine verheißungsvolle Zukunft durch. Der Wohlstand nahm zu, das Selbstbewusstsein unserer Großeltern und Eltern wuchs. Und wir, kleine Kinder noch, bekamen etwas mit von dieser Atmosphäre. Wir fühlten uns sicher. Armut und Not gehörten nicht mehr zum alltäglichen Leben. Wir waren die echten Nachkriegskinder, für die Kriege, Hunger und andere Katastrophen nur mehr Geschichten aus der Vergangenheit oder aus anderen Regionen dieser Welt bedeuteten.

So unpolitisch, bieder-bürgerlich und angepasst unsere Kindheit auch aussah: Die Grenze vom Kind zum Jugendlichen überschritten wir in einer Zeit des gesellschaftlichen, politischen und moralischen Umbruchs. Die 60er-Jahre brachten eine eigene Jugendkultur hervor, die revolutionär war und die Elterngeneration schockte. Und wir mittendrin in der Pubertät. Musik und Mode setzten neue Akzente, sexuelle Freizügigkeit und kritische Auseinandersetzung mit Autoritäten stellten bisherige Standards radikal in Frage. Die Medien holten die weltweiten Krisen ins heimische Wohnzimmer. Das strenge Reglement unserer Kindheit löste sich auf in Diskussionen über Antibabypille, Vietnamkrieg, Rockmusik, Selbstbestimmung.

Unsere Kindheit und Jugend bewegte sich zwischen Tradition und Revolte. Symptomatisch dafür sind zwei Wahlslogans aus den Kindheits- und Jugendjahren der 1954er: Konrad Adenauer gewann 1957 die Wahlen mit dem Aufruf „Keine Experimente!“. Zwölf Jahre später siegte Willy Brandt bei der Wahl 1969 mit der Aufforderung „Mehr Demokratie wagen“. Wie uns diese Gegensätze geprägt haben, das zeigt dieser Jahrgangsband mit seinen Ausflügen in den Alltag jener Jahre, ergänzt mit Schlaglichtern auf das, was außerhalb unserer kleinen Welt geschah.

Ulrike Lange-Michael

Ulrike Lange-Michael

Badetag und Borgward: Der Wohlstand wächst und wir mit

1954–1956

Hausgeburt und Fußball-WM

Ein paarmal schon hatte sie die junge Frau untersucht. Alles in Ordnung, keine Probleme, das dauert noch ein paar Tage, beruhigte sie die Schwangere. Hebamme Elfriede hatte viel Erfahrung. „Wenn's so weit ist und die Wehen kommen, sagt mir Bescheid", verabschiedete sie sich und schwang sich aufs Rad. Autos besaßen noch Seltenheitswert, besonders auf dem Lande. Erleichtert machte sich der künftige Vater auf die Socken: „Dann kann ich ja mal rüber in die Kneipe." Dort trafen sich die Männer im Juli 1954 vor dem einzigen Fernsehgerät weit und breit. Sie konnten kaum glauben, was sie sahen: Die deutschen Fußballer spielten sich bei der Weltmeisterschaft in Bern in einen Rausch. Das durfte man nicht verpassen – auch wenn sich zu Hause die junge Ehefrau etwas allein gelassen fühlte. Schließlich gewannen die Jungs von

Chronik

21. April 1954
Europas Grenzen öffnen sich: Es gibt ab sofort keine Visumspflicht mehr zwischen Deutschland und Frankreich.

7. Mai 1954
Frankreichs Kolonialtruppen verlieren im Indochina-Krieg gegen die kommunistischen Vietminh die Entscheidungsschlacht um die Festung Dien Bien Phu in Vietnam. In der Folge wird Vietnam entlang des 17. Breitengrades geteilt.

4. Juli 1954
Die deutsche Fußball-Nationalmannschaft unter ihrem Trainer Sepp Herberger gewinnt die Fußball-Weltmeisterschaft in der Schweiz. Gegen die favorisierten Ungarn geschieht das Wunder von Bern: der 3:2-Sieg im Endspiel.

18. April 1955
Der deutsche Physiker, Pazifist und Nobelpreisträger Albert Einstein, Schöpfer der Relativitätstheorie, 1879 in Ulm geboren, stirbt.

9. Mai 1955
Die Bundesrepublik Deutschland tritt dem nordatlantischen Verteidigungsbündnis (NATO) bei und festigt damit ihre Zugehörigkeit zum Westen. Adenauers Maxime heißt: Westintegration statt Wiedervereinigung.

14. Mai 1955
Der Warschauer Pakt, das östliche Militärbündnis, wird gegründet. Ihm gehört auch die DDR an.

3. Januar 1956
Das Fernsehen der DDR nimmt seinen regulären Sendebetrieb auf.

9. Juni 1956
Der Deutsche Bundestag beschließt das Gesetz, mit dem die Wehrpflicht in der Bundesrepublik eingeführt wird.

23. Oktober 1956
In Ungarn begehren die Menschen gegen die kommunistische Führung auf, es kommt zum Volksaufstand, der am 4. November blutig niedergeschlagen wird.

2. Dezember 1956
Fidel Castro landet mit seinen Revolutionstruppen im Osten Kubas, der Guerillakrieg gegen den von den USA gestützten Diktator Batista beginnt.

Die Hebamme kam zur Hausgeburt meist mit dem Rad – ein Auto besaßen die wenigsten.

Sepp Herberger sogar 3:2 gegen Ungarn im Endspiel, die WM-Schale ging an Deutschland – ein Wunder! So kurz nach dem Ende des Krieges munterte das die gesamte Nation auf.

Daheim im Schlafzimmer passierte kurz danach ein anderes Wunder: Das Kind kam auf die Welt. Erfahrung statt Aufklärung hieß das Motto, und mit Hilfe von Hebamme, Schwiegermutter und Mutter wird schon alles glatt gehen. Bei eventuellen Komplikationen gab es noch den Hausarzt, der nicht so weit entfernt wohnte. Er hatte sogar einen Telefonanschluss, auch wenn er ihn sich – wie alle im Dorf – mit anderen teilen musste.

1954 war die Hausgeburt auf dem Lande der Normalfall, ein Ereignis, an dem die gesamte Familie teilnahm. Keiner schmiss die stolzen Großväter aus dem Wochenbett-Zimmer, weil sie beim ersten Blick auf das Enkelkind den Zigarrenqualm ins Babykörbchen bliesen. Das Neugeborene verschlief das Ereignis ohnehin. Dass Rauchen tödlich sein kann, interessierte damals weder das Baby noch die Opas.

Zwei deutsche Staaten

Die deutsche Teilung wird zementiert: BRD und DDR treten den jeweiligen Militärbündnissen NATO und Warschauer Pakt bei, werden 1955 von den früheren Besatzungsmächten, im Westen wie im Osten, in die staatliche Souveränität entlassen. In Deutschland gibt es in der Folge also zwei Staaten mit unterschiedlicher Wirtschafts- und Gesellschaftsordnung. Als souveräne Staaten beginnen beide schnell mit der Wiederbewaffnung. In der so genannten Hallstein-Doktrin fordert Kanzler Konrad Adenauer den Alleinvertretungsanspruch für die Bundesrepublik: Allein sie sei berechtigt, in internationalen Angelegenheiten für ganz Deutschland zu sprechen.

Mistwetter und Milumil

„Wir kriegen die Windeln draußen einfach nicht trocken", sagte die Schwiegermutter und schleppte Ladungen von Wäsche auf den Dachboden und in den Keller. Die Sonne machte sich rar im Sommer 1954. Im großen Topf auf dem Küchenherd kochte tagtäglich die Babywäsche: Mullwindel, Einlage, Baumwoll- und Einschlagtuch, Strampelhose, Jäckchen. Draußen auf der Leine würden die Mengen an Wäsche viel besser trocknen, aber es regnete, wochenlang, fast ohne Pause. Keine Chance, den Kinderwagen mit der Kleinen wenigstens mal vor die Tür an die frische Luft zu schieben. Für lange Spaziergänge hatte ohnehin keiner Zeit, die Arbeit in Haus und Garten beschäftigte die Frauen von morgens bis abends. Und das Baby? Das musste vor allem eines: gut versorgt werden.

Drei Generationen lebten in jenen Jahren häufig im Haus oder in der Wohnung zusammen, der Alltag hatte eine feste Struktur. Das Baby wurde eingepasst:

Schlafen, füttern, wickeln, genau nach Plan. Aber bei aller Traditionalität spielte der neue Zeitgeist eine wichtige Rolle. Zum Beispiel ersetzte das Fläschchen mit Milumil die Muttermilch. Moderne Mütter vertrauten halt der modernen Industrie: keimfreies Pulver anrühren, Fläschchen sterilisieren, Temperatur und Menge genau messen, alle vier Stunden 100 Milliliter – und schon gedieh das Kind. Stillen – nein danke! Das kostete zu viel Zeit.

Das tägliche Bad für das Baby gehörte ebenfalls zur Routine. Mama zog den weißen Kittel an – Hygiene musste sein – und stellte die kleine Zinkbadewanne auf den Tisch. Auf dem Küchenherd, in dem schon frühmorgens ein Feuer entfacht wurde, stand der Topf mit heißem Wasser bereit. Aus der Leitung floss es nur kalt – aber immerhin.

Das Badewasser schmeckt! Das tägliche Bad in der Zinkwanne war für uns Pflicht.

Die Zinkwanne in der Küche

Samstag war Badetag für die ganze Familie. Dann lohnte es sich, den großen Badeofen im kleinen Badezimmer anzuheizen. Erst kam Holz in das Feuerloch, danach wurden ein, zwei Kohlebriketts aufgelegt, die hielten die Hitze einfach besser. Trotzdem dauerte es eine Weile, bis die 150 Liter im Boiler heiß genug waren. Für zwei Wannenfüllungen reichte das Wasser aus dem Behälter, der fast so hoch wie das Badezimmer war.

Gebadet wurde nach der Reihe: Erst waren die Großeltern dran. In dem Wasser wuschen sich beide, nacheinander selbstverständlich. Die Eltern nutzten die zweite Füllung, die Kinder kamen zuletzt an die Reihe.

Ein schicker Sportwagen, oder? Die geschwungene Form passt zum Aufschwung in den 50er-Jahren.

Schnittig und schwungvoll

In den Wirtschaftswunder-Jahren erwachte nicht nur der Wunsch nach motorisierten Fahrzeugen. Auch die Modellauswahl bei den Kinderwagen erreichte eine bis dahin kaum gekannte Vielfalt. Die geschlossene Variante, häufig in Korbflecht-Muster und immer mit hoher Haube, war eher für die kleinen Babys gedacht, die vor Wind und Wetter geschützt werden mussten. In diesen Gefährten schliefen viele Kinder tagsüber, bei trockenem Wetter am besten draußen an der frischen Luft. Der Rest einer Tüllgardine schützte vor möglichen Insektenangriffen. Große Spaziergänge mit dem guten Stück gab es höchstens am Sonntag. Die Woche über fehlte schlicht und einfach die Zeit für diese Art der Freizeitgestaltung. Wurde es Frühjahr und Sommer und die Kinder älter als ein Jahr, erfreute sich das Kinderwagen-Sportmodell größter Beliebtheit: schnittig und schwungvoll, offen natürlich, mit glänzenden Chromteilen und etwas tiefer gelegt – wie es sich für eine sportliche Variante gehörte. Der Transport in einem Auto blieb allerdings schwierig: Die zusammenklappbaren Sportwagen sollten erst in den 70er-Jahren auf den Markt kommen.

Ab ins Ställchen

Auch wenn manches Kleinkind im protzigen Kinderwagen durch die Straßen geschoben wurde: Wir Babys hatten es Mitte der 50er-Jahre nicht leicht. Wenn einer von uns zum Beispiel endlich wusste, wie das mit der Fortbewegung funktionierte, dann wurde er (oder sie) flugs eingesperrt. Ab ins Ställchen hieß die Devise – und schon schauten wir uns die Welt durch Gitter an. In ausgesuchten Haushalten, in denen es sogar ein eigenes Kinderzimmer gab, klemmten Oma oder Mama ein Gitter in die Türöffnung. Dadurch wussten sie uns sicher vor Abstürzen die Treppe hinunter. Richtig gemein fanden wir es allerdings, wenn der große Bruder mit einem langen Schritt das Hindernis überwand und wir nur hilflos hinterherschauen konnten. Da gab's schon manches Mal bittere Tränen.

Opas neues Auto

Da stand es auf dem Hof, und die kleine Sabine hatte mit ihren knapp drei Jahren ihre liebe Mühe, auf die Sitze zu klettern. Die Nachbarschaft war vollzählig versammelt, um das neue Auto ihres Opas zu bewundern. Davon träumten die meisten, doch für viele würde es noch lange ein unerfüllter Traum bleiben: der eigene Wagen. Glänzend und blitzend symbolisierte er den Wohlstand, der so drängend erhofft und fleißig erarbeitet wurde.

Wer es als Unternehmer zu etwas gebracht hatte, der ließ es sich nicht nehmen, eine große Limousine wie zum Beispiel einen Opel Kapitän, Borgward oder Mercedes Benz zu kaufen: Prestige war wichtig. Das schicke Gefährt kam jedoch auch der gesamten Familie zugute, wenn Opa, Oma, die Kinder und Enkelkinder gemeinsam zum Sonntagsausflug starteten. Dann waren auch Ziele in 80 oder 100 Kilometern Entfernung keine unerreichbaren Luftschlösser mehr. Wer kleinere Brötchen backte, der hielt Ausschau nach einem der immer beliebteren Volkswagen. Er wurde in den 50er-Jahren zum Renner und war Symbol des deutschen Wirtschaftswunders. Am 5. August 1955 rollte bereits der millionste VW Käfer vom Band.

Zeichen des wachsenden Wohlstands: das Auto, ob Borgward, Volkswagen oder Mercedes.

James Dean – der Tod einer Kultfigur

Bei einem Autounfall kommt der erst 24-jährige James Dean im September 1955 ums Leben. Der charismatische Schauspieler war in nur drei Filmen zum Idol geworden. Die Mischung aus Rebellentum, Verlorenheit und Verletzlichkeit sprach die Jugend an. Einem Millionenpublikum war er in dem Film „Jenseits von Eden“ bekannt geworden, die Uraufführung der beiden anderen Filme – „Denn sie wissen nicht, was sie tun“ und „Giganten“ – erlebte James Dean nicht mehr. Beide wurden Welterfolge.

Liz Taylor und James Dean in „Giganten“.

Bunte Eier im echten Moos

Das Osterfest bedeutete für die Kleinen, die Mitte der 50er-Jahre gerade das Laufen gelernt hatten, einen besonderen Spaß. Zusammen mit ihren älteren Geschwistern, den Kindermädchen oder Eltern warteten sie nicht nur am Ostermorgen gespannt darauf, was sie wohl finden würden im Gras und zwischen den ersten Blumen. Schon Tage vorher ging es in den Wald oder auf nahe Wiesen, um nach echtem Moos Ausschau zu halten. Dann wurde gebaut: Aus Stöcken, Gras und Rinde entstanden kleine Nester, die mit dem weichen Moos ausgepolstert wurden. Manches Mal konstruierten die kleinen Baumeister richtige Häuschen, mit Dach und Seitenwänden. Schließlich sollte der Osterhase seine leicht zerbrechliche Fracht heil ablegen können. Am Ostersonntag machten sich alle frühzeitig auf den Weg, um nachzusehen, was der Hase wohl gebracht hatte.

Wo sind bloß die Ostereier? Freundschaftliche Suche im Garten – gut behütet.

Unerwartetes Glück: Manche Spätheimkehrer hatten ihre Frauen jahrelang nicht gesehen. Ein Kind wurde umso freudiger willkommen geheißen.

Spätheimkehrer und späte Väter

Tausende von deutschen Kriegsgefangenen zählten in den 50er-Jahren zu den so genannten Spätheimkehrern. Sie verbrachten viele Jahre in russischer Gefangenschaft, schufteten dort in Lagern, in Bergwerken, in der Landwirtschaft. Ihre Familien hatten die Hoffnung auf eine Rückkehr nie aufgegeben, doch kämpften Ehefrauen und Kinder häufig mit großen Problemen, mussten allein zurechtkommen in einer ohnehin schwierigen Zeit. „Wann kommt dein Papi wieder nach Hause?“ – eine Frage, die viele Kinder ratlos zurückließ. In manchen Fällen hatten sie ihren Vater noch nie bewusst gesehen, kannten ihn eigentlich nicht.

Viele Männer hatten 1938 geheiratet, waren 1939 in den Krieg gezogen und erst Anfang der 50er-Jahre wieder zurückgekommen. Wenn es dann, nach so langer Pause und vielen schrecklichen Geschehnissen, noch mit der Ehe und sogar mit dem sehnlichst erwünschten Nachwuchs klappte, war die Freude grenzenlos. Sie waren zwar späte Väter und Mütter, dafür aber umso dankbarer, dass sie das noch erleben konnten.

Kanzler Konrad Adenauer schaffte es erst 1955 durch zähe Verhandlungen bei seinem ersten Staatsbesuch in der Sowjetunion, dass die letzten Kriegsgefangenen freigelassen wurden. Die ersten 9680 Spätheimkehrer trafen im Oktober im Lager Friedland bei Göttingen ein, mehr als 20 000 Zivilinternierte folgten. Insgesamt kamen 1,2 Millionen Deutsche in russischer Gefangenschaft ums Leben.

Der Aufstand der Ungarn

Mit brutaler Härte zerschlägt die Sowjetunion im November 1956 die Freiheitsbewegung in Ungarn. Zehn Tage lang wehren sich die Widerstandskämpfer in den Straßen Budapests gegen die Panzer und Truppen, sind aber hoffnungslos unterlegen. Ministerpräsident Imre Nagy hatte am 1. November den Austritt Ungarns aus dem Warschauer Pakt und die Neutralität des Landes erklärt. Nach dem Zusammenbruch kommt es zu großen Säuberungswellen, die kommunistische Alleinherrschaft wird wieder hergestellt.

Dreirad, Urlaub, Wundertüten: **Auf Entdeckertour in die Welt**

Die Wohnungsneubauten der 50er boten wenig Geborgenheit und Spielmöglichkeiten.

Drinnen war's zu eng

Große Schuttberge, Reste der von den Bomben zerstörten Häuser lagen noch zwischen den Mietshäusern, die inzwischen mitten in der Stadt entstanden waren. Mehr als zehn Jahre waren seit dem Kriegsende vergangen, aber seine Folgen nicht. Wohnungsmangel überall: In den neuen Zwei- und Dreizimmerwohnungen

Chronik

1. Januar 1957
Eine der letzten Kriegsfolgen wird beendet: Das Saarland gehört als 10. Bundesland jetzt zur Bundesrepublik Deutschland.

1. November 1957
Der Mord an der Prostituierten Rosemarie Nitribitt in Frankfurt/Main wird zur meistdiskutierten Affäre der Nachkriegszeit. Das Callgirl hatte offenbar Beziehungen zu bekannten Persönlichkeiten und mit seiner unmoralischen Lebensweise ein großes Vermögen angehäuft.

1. Januar 1958
Die Römischen Verträge treten in Kraft. Belgien, Luxemburg, die Niederlande, Frankreich, Italien und Deutschland haben sich zur Europäischen Wirtschaftsgemeinschaft (EWG) zusammengeschlossen.

28. Mai 1958
Die Lebensmittelkarten werden in der DDR abgeschafft.

1. Juli 1958
In der Bundesrepublik tritt das Gesetz über die Gleichberechtigung von Mann und Frau in Kraft. Darin ist zum Beispiel geregelt, dass künftig Frauen ohne die ausdrückliche Genehmigung ihres Ehemannes einer Arbeit nachgehen dürfen.

1. Oktober 1958
Die US-Amerikaner verstärken ihre Anstrengungen in der Raumfahrt und gründen die NASA.

4. November 1958
Dem russischen Schriftsteller Boris Pasternak, Autor des Buchwelterfolges „Doktor Schiwago", wird der Literaturnobelpreis verliehen. Wenige Tage später lehnt er den Preis auf Druck der sowjetischen Behörden ab.

1. Januar 1959
Der kubanische Diktator Batista flieht, Fidel Castro kommt in Kuba an die Macht.

3. Januar / 21. August 1959
Zunächst Alaska und dann die Inselgruppe Hawaii werden der 49. und 50. Bundesstaat der Vereinigten Staaten von Amerika.

15. November 1959
Die SPD will zur Volkspartei werden und verabschiedet ihr Godesberger Programm.

herrschte häufig drangvolle Enge. Die Eltern und Kinder waren im Schlafzimmer untergebracht, der Großvater nächtigte im Wohnzimmer, das Leben spielte sich in der Küche ab. Dort war es am wärmsten, weil der zentrale Kohlenofen für die Wohnung von der Küche aus befeuert wurde; dort saß der Opa auf der Chaiselongue und spielte mit dem Enkelchen: „Hoppe, hoppe, Reiter, wenn er fällt, dann schreit er", immer wieder, bis zum Überdruss. Und er wusste Geschichten zu erzählen von seiner Kindheit, seinen Erlebnissen. Er hatte Zeit und viele Erinnerungen.

Draußen war es für die Kinder, sobald sie vier, fünf Jahre alt waren, allerdings viel interessanter als in der engen Wohnung. Klaus und Manne zum Beispiel, zwei Nachbarskinder, erkundeten schon mit vier Jahren die Gegend, kletterten über die Abrissgrundstücke und spielten am Bach. Der floss in jenen Jahren noch ungehindert in seinem angestammten Bett, offen und für jedermann zugänglich. Ein Paradies für uns Kinder war das, auch wenn die Älteren häufig ein wachsames Auge auf die Kleinen werfen mussten. Besonders im Sommer sorgte das Wasser für willkommene Abkühlung. Nasse Füße? Kein Problem – die meiste Zeit hatten die Kinder in dieser Jahreszeit sowieso keine Schuhe und Strümpfe an.

Der Sputnik-Schock

Während sich im Deutschland der 50er-Jahre Wohlstand und Freizeitkultur etablieren, beginnt weltweit die Ära der Weltraumfahrt. Die Sowjets sind 1957 beim Wettlauf um die Eroberung des Weltalls zunächst einen Schritt voraus: Ihnen gelingt der erste erfolgreiche Start eines künstlichen Erdsatelliten.

Sputnik 1 umkreist als künstlicher Himmelskörper die Erde. Technologisch, aber auch machtpolitisch ist der Sputnik-Start von großer Bedeutung, beweist die Sowjetunion doch, dass sie bei der Raketentechnik führend ist. In den USA schlägt die Nachricht wie eine Bombe ein. Bestürzung macht sich breit, dass die kommunistische Welt diesmal die freie Welt geschlagen hat.

Fußmarsch zum Kindergarten

„Besser, sie gehen in den Kindergarten", entschieden schließlich die Eltern, denen das Treiben der Kleinsten ganz ohne erwachsene Aufsicht zu gefährlich wurde. Die Mütter mussten häufig arbeiten, um das Familieneinkommen aufzubessern, und hatten deshalb keine Möglichkeit, sich tagsüber um den Nachwuchs zu kümmern. Da war eine professionelle Betreuung der richtige Weg. Also ab in den Kindergarten mit Klaus und Manne. Morgens um halb acht machten sich die beiden Knirpse auf die Socken. Der Kindergarten war zwar mehr als einen Kilometer weit entfernt, aber diese Strecke mussten sie zu Fuß bewältigen. Allein selbstverständlich. Die Tanten im Kindergarten führten ein strenges Regiment, aber es machte auch Spaß, auf dem Gelände mit den neuen Spielgeräten und den anderen Kindern zu spielen. Ihr Frühstück brachten Klaus und Manne von zu Hause in einer ledernen Umhängetasche mit, die am Hals baumelte. Nach dem Mittagessen war eine Stunde Zwangsruhe angesagt. Egal, ob die Kleinen nun müde waren oder nicht, sie mussten sich hinlegen. Bis 16 Uhr lief die Betreuung, dann zogen unsere beiden wieder ihre Jacken an und marschierten nach Hause. Das klappte reibungslos, fast zwei Jahre lang. Jede Woche – bis die Schulzeit begann.

Glück auf drei Rädern

Das erste eigene Fahrzeug zum vierten Geburtstag: Ein Traum, der für Klaus wahr wurde. Er konnte es kaum fassen, als er das Dreirad zum ersten Mal bestieg. Dafür nahm er auch dieses eine Mal ohne Murren in Kauf, dass er zur Feier des Tages schick gemacht wurde. Mit Trachtenjäckchen und dem feschen Tirolerhütchen hatte er eigentlich nichts am Hut und zog eine Schnute, wenn die Mutter an Sonn- und Feiertagen die feine Kluft aus dem Schrank holte. Beliebter war die kurze Lederhose, die schnell vom Sonntags- zum Alltagskleidungsstück mutierte – sie war eindeutig praktisch, robust und unempfindlich gegen Flecken und andere Beschädigungen. Das neue Dreirad verdankte der Vierjährige dem Erfindungsreichtum der Noch-Nachkriegszeit: Die Speichenräder stammten von Kinderfahrrädern und hatten noch keine Luftreifen, sondern eine Hartgummi-Auflage. Doch auch wenn es beim Fahren ziemlich rumpelte: Für zwei, drei Jahre blieb das Dreirad der größte Schatz.

Ein klassisches Modell der 50er-Jahre: das Dreirad mit Speichenrädern.

Ab in die Sommerfrische

Das bayerische Voralpenland ist bis heute eine klassische Urlaubsregion. Ende der 50er-Jahre gehörten die Berge – zumindest für die Deutschen aus dem Norden und der Mitte – zu den ersten und beliebtesten Zielen in der Ferienzeit. Wer sich eine Fahrt in die Sommerfrische leisten konnte, tat das: Der Drang, etwas mehr von der Welt zu sehen, war groß, und der wachsende Wohlstand machte eine Reise, auch für die ganze Familie, nicht mehr unerschwinglich. Mit Bus, Bahn, dem Motorroller und Motorrad, aber auch schon mit eigenen Autos ging's für eine oder zwei Wochen in die Ferne. Viel mehr

Mit der Seilbahn auf den Rauschberg: Im ersten Urlaub waren die Berge ein bevorzugtes Ziel.

Urlaubstage standen den meisten Arbeitern und Angestellten ohnehin nicht zu.

Die fünfjährige Petra machte zum ersten Mal mit ihren Eltern Urlaub in einer Familienpension, alle drei übernachteten in einem Zimmer. Die Herbergsleute hatten ihr Häuschen umorganisiert und das eigene Schlafzimmer an die Gäste vermietet: ein Zubrot zu ihren kargen Einkünften. Frühstück wurde jeden Morgen im Wohnzimmer serviert.

Für die kleine Familie aus dem Norden gab es viel zu entdecken rund um Ruhpolding: der kalte Gebirgsfluss Traun, der dicht am Haus vorbeifloss und dessen grün-kaltes Wasser nur bei großer Hitze erträglich war; die Badeseen in der Nähe, an deren Ufern man die neuen Luftmatratzen aufblies und sich faul in der Sonne räkelte; die hohen Berge in der Ferne, auf denen auch im Juli das ewige Eis glitzerte; die Wanderungen durch die grünen Wiesen und Wälder, an freundlichen Kühen vorbei, die gemächlich grasten; die belebten Ausflugslokale, in denen es kühle Getränke und Teller voller köstlicher Gerichte gab.

Wem es gefiel, der kam öfter: Für viele Familien wurde die Ferienpension mit Familienanschluss zur zweiten Heimat. Manche Freundschaften halten bis heute.

In guter Obhut

Zurück im Alltag mussten sich wieder andere um die kleineren Kinder kümmern: Die Eltern waren entweder beide berufstätig oder die Mutter hatte in Haus und Garten, vielleicht auch in der kleinen Landwirtschaft, viel Arbeit. Gerade auf dem Lande gab es kaum öffentliche Kindergärten, die zumindest in den Vormittagsstunden eine Betreuung übernommen hätten. Da war Privatinitiative gefragt. In manchen Fällen halfen die Großeltern aus, aber häufig waren es ältere Kinder in der Nachbarschaft, vor allem natürlich Mädchen, die sich um die Kleinen kümmerten, wenn es keine älteren Geschwister gab. Für manches junge Mädchen, das mit 14 oder 15 aus der Schule kam, blieb diese Art der Beschäftigung zunächst die einzige Möglichkeit, sich etwas Geld zu verdienen.

Mädchen aus der Nachbarschaft passten häufig auf die kleinen Kinder auf.

Die Puppe bekommt Haare

Sie war für viele kleine Mädchen der erste große Schatz: die eigene Puppe. Wenn möglich, sollte es sogar eine Baby-Puppe sein, fast so groß wie ein richtiges Baby. Häufig hieß sie Lotte oder Ursel, wurde bemuttert, an- und ausgezogen und in ihr Mini-Babybettchen gesteckt, wenn es Zeit zum Schlafen war. Die fünfjährige Jutta hatte eine solche Puppe von ihrer Großmutter geschenkt bekommen. Sie hatte schon bewegliche Schlafaugen, die zuklappten, wenn man sie hinlegte, und die Beinchen waren krumm – wie bei richtigen Kindern eben. Nur echte Haare, die hatte sie damals noch nicht. Die Frisur war auf den glatten Plastikkopf aufgemalt. Für die netten Kleidchen sorgten Oma und Mama, die aus Stoffresten auf der alten Tret-Nähmaschine die neueste Puppenmode schneiderten. Unermüdlich trafen sich die Puppenmamis und betreuten ihre Babys. Puppen-Kinderwagen gab es allerdings Ende der 50er-Jahre noch nicht viele. Manche der Puppen litten auch nach und nach unter der zärtlichen Behandlung und gingen kaputt. Doch in solchen Fällen half der Puppendoktor, der über mangelnde Beschäftigung nicht klagen konnte.

Das Lieblingsspielzeug der Mädchen:
die Puppe, am liebsten so groß wie ein richtiges Baby.

Atom-Proteste und Atomium

Die atomare Aufrüstung führt Ende der 50er-Jahre zu den ersten Protesten und Auseinandersetzungen. Während bei vielen der Glaube an den Fortschritt und die Nuklearenergie ungebrochen ist, wollen andere die Aufrüstung der Bundeswehr mit Atomwaffen verhindern. Im „Göttinger Manifest" sprechen sich 18 führende deutsche Atomwissenschaftler für einen Verzicht auf Atomwaffen aus. Trotzdem beschließt der deutsche Bundestag im März 1958 nach viertägiger, teils heftiger Debatte mit den Stimmen von CDU und CSU die Ausrüstung der Bundeswehr mit Atomwaffen. Gegen diese Pläne formiert sich der Widerstand: Ein Arbeitsausschuss „Kampf dem Atomtod" bildet sich, Tausende von Arbeitern legen ihre Arbeit nieder, es kommt zu Schweigemärschen. Derweil findet in Brüssel 1958 die erste Weltausstellung nach dem Krieg statt. Atomenergie und Weltraumforschung stehen im Mittelpunkt, und das 110 Meter hohe Atomium, eine 150-milliardenfache Vergrößerung des Alpha-Eisenkristalls, wird das Wahrzeichen der Ausstellung.

Die Straße als Spielplatz

Die meiste Zeit verbrachten wir Kinder damals draußen. Sobald es nicht regnete, schickten uns die Mütter an die frische Luft. Schon allein deshalb, weil es in Wohnung oder Haus zu wenig Platz gab, das Kinderzimmer gerade mal für Bett und Schrank Raum bot und mehrere Kinder auch zu viel Schmutz hereinbringen würden. Also wurden Hof und Straße zum Spielplatz. Vom Autoverkehr ging noch kaum Gefahr aus, besonders in den Dörfern und den reinen Wohngebieten der Städte waren sie selten. Autos und Lastwagen fuhren hauptsächlich auf den großen Durchgangsstraßen. Das Verkehrsaufkommen wuchs erst langsam und die holprigen Straßen luden nicht gerade zum Rasen ein.

Wir hatten deshalb viel Raum, den wir für uns nutzen und auch gestalten konnten. Phantasie war gefragt, wenn sich nach einem Gewitterregen das Wasser in den Pfützen sammelte. Mit dem Matsch konnten ganze Landschaften erbaut werden, Dämme und Seen entstanden – und wir mussten uns abends gehörig ausschimpfen lassen, weil nicht nur Hände und Gesicht vor Dreck starrten. War alles trocken, dann wurden Malsteine gesucht: Helle Kalkstückchen und rote Ziegelstein-Brocken, mit denen man Hickelhäuschen aufmalen konnte. Stundenlang wurden die Steine in die Kästchen geworfen und dann nach festen Regeln gehüpft: mit beiden Füßen, über Kreuz, auf einem Bein.

Was gab es Schöneres als eine Pfütze?
Die Straße bot uns jede Menge Spielgelegenheiten.

Der Piffen-Onkel kommt

Einmal im Jahr war für uns Kinder im Dorf richtig was los, es wurde spannend. Aufgeregt warteten wir auf die Dorfkirmes, die zuerst noch im Saal der alten Wirtschaft und später im Zelt stattfand. Die Kirmes, das bedeutete ein Karussell mit bunten Pferden und einem riesigen Mann, der es bediente und die Kärtchen einsammelte; das war die Schießbude mit den bunten Plastikblumen, das Ringewerfen und vor allem – der Piffen-Onkel. Er war nicht groß, aber wohl gerundet, trug im Sommer wie Winter ein kleines keckes Hütchen. Und er pfiff. Nicht laut und grell wie die großen Jungs, sondern zwitschernd, melodiös, wie ein exotischer Singvogel. Lange Zeit blieb es für uns ein Geheimnis, wie er das machte. Bis einer mal sah, dass der Piffen-Onkel ein Metallplättchen in den Mund schob. Damit gelangen ihm also die tollen Töne! Ein bisschen was von der Bewunderung ging immer flöten, wenn die Erkenntnis kam, aber trotzdem staunten wir jedes Jahr wieder. Denn der Piffen-Onkel pfiff nicht nur, er hatte zu jeder Kirmes einen Stand mit Süßigkeiten aufgebaut. Dort gab es für einen Groschen Waffelbruch, Lutscher und Wundertüten, die ihre Geheimnisse erst preisgaben, wenn man sie schon bezahlt hatte.

Sogar im Winter und Frühjahr beehrte der Piffen-Onkel die Dörfer. Dann kam er als Hausierer, mit dem Bauchladen vor sich. Irgendetwas benötigten die Hausfrauen immer, was es im örtlichen Lebensmittelgeschäft nicht gab: Hosengummi, Halterungen für die Strapse oder Näh- und Sicherheitsnadeln.

Das Milchkännchen in der Hand

50 Pfennige in der einen Hand, das Milchkännchen in der anderen, so liefen wir gegen Abend entweder zum Bauern oder in den Milchladen. Abgepackt in Tüten oder Flaschen war die Milch in jenen Jahren nicht. Sie kam immer frisch von der Kuh oder aus der nahen Molkerei, und die Milchkanne für den täglichen Liter Milch fehlte in keinem Haushalt. Klaus und Manne hatten es nicht weit bis zum Milchgeschäft in ihrer Straße. Dort warteten sie, bis sie an der Reihe waren und genossen den frischen Geruch nach Milch und Sahne, gepaart mit den säuerlichen und kräftigen Aromen von Quark (damals hieß er Käsematte) und Käse. Mit einem kräftigen Druck auf den chromglänzenden

Hebel ließ die Verkäuferin die weiße Flüssigkeit in die Kanne laufen. Wehe dem, der sein Geld in der Kanne vergessen hatte – er musste für den Spott nicht sorgen. In den Dörfern war der Lieferweg für die Milch noch wesentlich direkter. Die Nachbarin molk abends ihre fünf Kühe und seihte die Milch durch ein Mulltuch in die große Kanne. Direktvermarktung gab es schließlich auch schon in den 50er-Jahren.

Fast täglich unterwegs mit dem Kännchen:
Die Milch gab's im Milchladen oder direkt beim Bauern.

Omas Groschen wurden meist sofort in Lutscher umgesetzt.

Schokolade in dicken Stücken

Nicht nur die Milch, sondern alle anderen Waren gab es um die Ecke, im Lebensmittelgeschäft, dem Tante-Emma-Laden. „Kolonialwaren“ stand häufig noch in altertümlicher Schrift über dem Eingang: Schließlich gab es hier traditionell die Dinge, die man nicht selbst herstellen oder im Garten anbauen konnte – Gewürze, Schokolade, Zucker, Nüsse, Mehl, Seife, Waschmittel, Zahnpasta. In dem einen kleinen Raum standen der Kaufmann oder seine Frau hinter dem Tresen, links die Kasse, dahinter die Regale voller Köstlichkeiten. Für uns Kinder waren besonders die Gläser mit den Süßigkeiten interessant. Wenn Oma etwas beim letzten Einkauf vergessen hatte, dann musste sie nicht lange bitten: Wir waren alle gerne bereit, schnell mal in den Laden zu laufen. Fast immer durften wir uns für einen Groschen etwas aussuchen – einen bunten Lutscher, ein paar Sahnebonbons oder sogar ein Stück von der Schokolade.

Im Kolonialwarenladen gab es für uns Kinder die tollsten Sachen.

Die Augen strahlen mit den Kerzen um die Wette: Weihnachten gehörte der Familie.

Wenn das Christkind klingelt

Das große traditionelle Fest der Familie, das war Weihnachten auch in den 50er-Jahren. Selbst wenn nicht alle Familienmitglieder mehr in einem Haus, in einer Stadt wohnten, kamen doch viele wieder zusammen, um Weihnachten zu feiern. Im bürgerlichen Milieu gehörte der Gänsebraten damals zum Festessen, mit Grünkohl und Kartoffelklößen; Mutter und Großmutter verbrachten viele Stunden damit, das festliche Essen vorzubereiten. In anderen Familien etablierte sich am Heiligabend ein etwas kargeres Mahl, zum Beispiel Kochwurst mit Kartoffelsalat. Für uns Kinder stand ohnehin das Essen nicht im Vordergrund, sondern die Bescherung. Doch erst einmal musste abgewartet werden, ob der Weihnachtsmann auch etwas dabeihatte. Er sah manches Mal schon zum Fürchten aus mit seinem langen Bart und fragte mit tiefer Stimme, ob das Kind denn auch brav gewesen sei. Glücklicherweise ging die Befragung eigentlich immer gut aus: Das Geschenk wurde überreicht oder lag sogar schon unterm Weihnachtsbaum.

Die älteren Geschwister holten die Blockflöte raus und begleiteten alle beim Singen: „Oh Tannenbaum“ und „Stille Nacht“ gehörten zum Repertoire. Bei uns kamen am Weihnachtsfest sogar erst der Weihnachtsmann und einen Tag später das Christkind – bei den anderen Großeltern. Dort durften wir Kinder erst dann ins gute Wohnzimmer, wenn die Klingel ertönte: Das Christkind war da!

Asterix kommt auf die Welt

Jeder kennt sie inzwischen, den kleinen Gallier Asterix und seine Freunde Obelix, Idefix und Miraculix aus einem kleinen Dorf am Rande des römischen Imperiums. Unerschrocken und dank eines Zaubertranks immer kampfbereit, wehren sie sich gegen die Eroberer unter Julius Cäsar.

Am 29. Oktober 1959 erblicken die Comic-Figuren der französischen Texter und Zeichner Uderzo und Goscinny in der Zeitschrift Pilote das Licht der Welt und erobern sie in den folgenden Jahrzehnten. Zahllose Comic-Bücher und Zeichentrick-Filme erheben Asterix und seine Freunde zu Kultfiguren.

Griffel, Fury, Flitzebogen: **Wir lernen fürs Leben**

Jetzt geht's los: Die Schule beginnt

Die letzten Ostereier waren verspeist, die ersten Kniestrümpfe und kurzen Hosen wurden aus dem Schrank geholt. Und für alle sechsjährigen Jungs und Mädels begann der Ernst des Lebens: die Schulzeit. In den Jahren 1960/1961 war das noch

Erwartungsvoll und ein bisschen skeptisch: Wie wird es in der Schule wohl sein?

Chronik

21. Juni 1960
Der schnellste Mann der Welt kommt aus Deutschland: Armin Hary schafft die 100 Meter in genau 10 Sekunden.

18. August 1960
Die Antibabypille kommt in den USA auf den Markt und erfreut sich schnell großer Beliebtheit.

20. Januar 1961
John F. Kennedy, der im November 1960 zum Präsidenten der USA gewählt wurde, wird vereidigt und tritt sein Amt an.

12. April 1961
Der erste bemannte Weltraumflug startet von der Sowjetunion aus. Kosmonaut Juri Gagarin wird in der Raumkapsel Wostok als erster Mensch die Erde umrunden.

13. April 1962
Eine englische Band mit dem Namen The Beatles tritt zum ersten Mal mit John Lennon, Paul McCartney, George Harrison und Ringo Starr im Hamburger Star-Club auf.

5. August 1962
Mit Marilyn Monroe stirbt eine der schillerndsten Persönlichkeiten der Filmmetropole Hollywood an den Folgen einer Überdosis Schlaftabletten.

24. Oktober 1962
Die Kubakrise bringt die Welt an den Rand des 3. Weltkriegs. Wegen der Bedrohung durch auf Kuba stationierter sowjetischer Raketen beginnen die USA mit der Seeblockade der Karibikinsel. Beide Staaten ziehen im letzten Moment ihre Langstrecken-Raketen aus Kuba beziehungsweise der Türkei ab.

27. August 1963
Marsch auf Washington gegen die Rassendiskriminierung: Vor 250 000 Menschen hält der Bürgerrechtler Martin Luther King seine Rede „Ich hatte einen Traum".

16. Oktober 1963
Bundeskanzler Konrad Adenauer tritt zurück. Der 89-Jährige lenkte 14 Jahre die Geschicke der Bundesrepublik. Sein Nachfolger wird Wirtschaftswunder-Minister Ludwig Erhard.

22. November 1963
Der amerikanische Präsident John F. Kennedy wird in Dallas/Texas ermordet.

nach dem Osterfest, denn das Schuljahr begann und endete im Frühjahr. Aufgeregt hielten Klaus, Wolfgang, Petra und Sabine ihre große Zuckertüte in den Armen. Sie verbargen keine großen Präsente, sondern das, was der Name sagte: Zuckerzeug und Naschwerk, manchmal eine Apfelsine. „Das Kleid kratzt", murrte Petra und zog am engen Kragen. Aber da half kein Klagen: Das beste Wollkleid oder die schicke Hose am ersten Schultag waren Pflicht – schließlich wurden die Schulanfänger hoch offiziell fotografiert. Die Erinnerung an den ersten Schultag hält so ein Leben lang. Im ledernen Schulranzen, der fest auf den Rücken geschnallt wurde, klapperten noch keine Hefte und Bücher. Schreiben lernten die Schulanfänger häufig auf der Schiefertafel und mit dem Griffel.

Alle Schüler in einer Klasse

28 Kinder lernten in dem Klassenraum. „Nicht zu viele", wird manch einer denken, der Anfang der 60er-Jahre seine Grundschulzeit mit 35 und mehr Klassenkameraden verbracht hat. Doch in der kleinen Dorfschule saßen 28 Kinder aus acht Jahrgängen in dem einen Schulraum. Und alle wurden gleichzeitig von nur einem Lehrer unterrichtet, jeden Vormittag von

Montag bis Samstag. Vorne in der ersten Reihe nahmen die Erstklässler Platz, die älteren Schüler rückten jedes Jahr eine Reihe nach hinten weiter. In manchen Jahrgängen gab es vielleicht nur einen oder zwei Schüler, in anderen waren es fünf oder sechs. „Jahrgangsübergreifender Unterricht" heißt das in der modernen Pädagogik, die altersgemischte Gruppen wieder für sich entdeckt hat. Für die Mädchen und Jungen, die wenige Probleme mit dem Unterrichtspensum hatten, erwies sich der Unterricht aller Klassen in einem Raum auch durchaus als vorteilhaft. Denn wer seine Aufgaben, die der Lehrer verteilte, schnell erledigt hatte, der konnte so ganz nebenbei mitkriegen, was in den höheren Klassen gelernt wurde – und wusste auf diese Weise mehr als den üblichen Lehrstoff seiner Altersgruppe. Schon im dritten und vierten Schuljahr nutzte der Lehrer die Kompetenz der Schüler und ließ sie mit den Kleinen lesen und rechnen. Eine gute Übung in Verantwortung und Sozialverhalten.

Die einklassige Volksschule gab es noch häufig, doch sie gehörte Anfang der 60er-Jahre zu den Auslaufmodellen.

Gastarbeiter sehr erwünscht

Die westdeutsche Wirtschaft boomt, es herrscht Vollbeschäftigung, ja gar Arbeitskräftemangel. Einziger Ausweg ist die Anwerbung von ausländischen Arbeitnehmern, denn schließlich fehlen der Wirtschaft laut einer Arbeitsmarktstatistik 410 000 Arbeitskräfte. Die Bundesregierung kündigt am 20. April 1960 an, dass sie sich verstärkt um Ausländer bemühen wolle und zunächst auf 100 000 Beschäftigte aus südeuropäischen Ländern wie Griechenland, Spanien und der Türkei hoffe.

Ordentliche Reihen am Morgen, wenn's aber mittags nach Hause ging, dann liefen alle durcheinander.

Antreten! Disziplin muss sein

Wenn um kurz vor acht die Schulklingel schrillte, dann wurden aus dem Lärm und Chaos auf dem Schulhof ganz schnell Ruhe und Ordnung. Die Lehrer und Lehrerinnen gehörten für die Grund- und Volksschüler zu den unumstrittenen Respektspersonen. Ob städtische Grundschule mit mehreren hundert Kindern oder die kleine Dorfschule: Disziplin stand täglich auf dem Stundenplan. Ungeordnetes Erstürmen der Schule? Undenkbar. Dafür lernten wir, was die Aufforderung „Antreten!" bedeutet. Mit den Ranzen auf dem Rücken stellten wir uns in Zweierreihen vor der Eingangstür auf, die Kleinsten vorne, die Ältesten hinten. Hand in Hand ging's dann in den Klassenraum bis an die Schultische. Die alten Schulbänke gehörten schon der Vergangenheit an und waren durch altersgerechte Stühle und Tische ersetzt worden. Setzen durften sich die Schüler erst, wenn der Lehrer vor der Klasse stand und begrüßt worden war: „Guten Morgen, Herr Lehrer (oder Frau Lehrerin)!" In der Ecke vorn stand ein altes Harmonium, auf dem der Lehrer nach dem Morgengebet ein Lied spielte, bei dem wir alle mitsingen mussten. Und für die Kleinen in der ersten Reihe kam als letzte Prüfung die Aufforderung: „Hände zeigen!" Hoffentlich hatten sich alle ordentlich die Hände gewaschen, denn schmutzige Finger und Fingernägel wurden bestraft. Ein Schlag mit dem Zeigestock auf die Finger konnte ganz schön wehtun.

Eine Mauer mitten durch Berlin

Die Westmächte sind völlig überrascht, als am 13. August 1961 Einheiten der DDR-Grenzpolizei und Betriebskampfgruppen auf Geheiß der DDR-Regierung beginnen, die Übergänge zwischen dem Osten Berlins und den Westsektoren mit Stacheldraht und Sperrzäunen abzuriegeln. Alle Verkehrsverbindungen werden unterbrochen. Ostberliner und Bewohner der DDR dürfen nur noch mit ausdrücklicher Genehmigung der DDR-Behörden den Westteil der Stadt besuchen. Auslöser für den Mauerbau ist der ständig anschwellende Flüchtlingsstrom von Ost nach West. Bei einem Fortgang des Exodus wäre der wirtschaftliche Zusammenbruch der DDR zu befürchten gewesen. Allein im Juli 1961 flüchten mehr als 30 000 Menschen aus der DDR nach Westberlin, am 9. August sind es 1960 an einem Tag. Die Mauer wird zum Symbol der deutschen Teilung. Immer wieder versuchen Menschen, sie zu überwinden. Bis zum Fall der Mauer im November 1989 sterben 78 Flüchtlinge dabei.

Ballettunterricht: auf die Spitzen

So graziös, wie es eben ging: Ballettschülerinnen beim Spitzentanz.

Bessere Haltung, Disziplin und Beweglichkeit: Darum ging es auch beim Ballettunterricht, für den manche Eltern vornehmlich ihre Töchter angemeldet hatten. Ein- bis zweimal pro Woche zogen wir die engen Ballettanzüge und die

Gymnastikschuhe an und unterwarfen uns dem strengen Diktat der Ballettlehrerin. Unermüdlich übten wir in Gruppen bis zu zehn Mädchen die verschiedenen Positionen der Füße, lernten die französischen Bezeichnungen und streckten Muskeln und Sehnen. Höhepunkt eines Jahres waren die Ballettabende im Saal der örtlichen Gastwirtschaft: Dort zeigten die Schülerinnen in szenischen Aufführungen, was sie tänzerisch gelernt hatten. Auch wenn das Ergebnis manches Mal eher lächerlich als anmutig wirkte: Eltern und Angehörige applaudierten kräftig, denn Mühe gegeben hatten sich alle.

Kräftemessen unter Jungs: Auf dem Heimweg von der Schule hatten wir es nicht eilig.

Die schönste Zeit: der Schulweg

Mittags 12 Uhr, die Schule war aus. Endlich Gelegenheit für die wirklich wichtigen Dinge des Lebens. Der Schulweg nach Hause gehörte zu den angenehmsten Zeiten des Tages, da wurde immer getrödelt, mit den Freunden geschwatzt: Es gab so viel zu besprechen, zum Beispiel, was wir heute Nachmittag machen, wo wir uns treffen, wie lange die Hausaufgaben dauern. Manches Mal wurde auch gerauft – aus lauter Jux und Dollerei. Das Kräftemessen spielte vor allem bei den Jungs eine große Rolle, endete aber so gut wie immer harmlos. Höchstens ein aufgeschürftes Knie oder leichte Blessuren an der Kleidung waren die Folge. Außerdem musste man doch noch mal schnell am Bach vorbeischauen oder auf dem Spielplatz – alles war spannender, als schnellstens nach Hause zu laufen. Den Ärger mit der Mutter gab es ohnehin fast täglich: „Wo bleibst du denn, ich warte mit dem Essen auf dich“ – da hörten wir eigentlich gar nicht mehr hin. Die Ermahnungen wegen der schmutzigen guten Schulhose mussten da schon ernster genommen werden. Denn mit Hausarrest wollte keiner bestraft werden.

Die Pille schafft Freiheit

Jeden Tag ein kleine Pille nehmen und schon wird man nicht schwanger: Für die Frauen bedeutet die Antibabypille, die 1960 zunächst in den USA und dann auch in Europa auf den Markt kommt, eine größere sexuelle Selbstbestimmung. Umgerechnet 46 DM kostet eine Monatspackung: Viel Geld, aber auch ungeahnte Möglichkeiten.

Der erste Schritt zur sexuellen Revolution der 60er-Jahre ist getan. Vertreter der Kirchen, vor allem der katholischen, lehnen die Pille ab. Sie halten die möglich gewordene Trennung von Sexualleben und Reproduktionspflicht der Frau für unmoralisch.

Petticoat und kurze Hosen

Auch wenn Rock 'n' Roll und der Beginn der Jugendkultur immer weitere Kreise zogen: Die Mehrheit der bundesdeutschen Familien war konservativ ausgerichtet, liebte Musik von Nana Mouskouri, Ralf Bendix und Heidi Brühl. Acht- bis zehnjährige Kinder trugen ihr Haar ordentlich geschnitten, mit Pferdeschwanz oder Bubikopf die Mädchen, kurz, gescheitelt und mit ausrasiertem Nacken die Jungs. Bei der Kleidung galt noch die klare Anweisung: Die guten Sachen für die Schule, für die Freizeit die älteren Hosen und Hemden, Röcke und Strumpfhosen. Wehe dem, der in den Schulsachen nachmittags auf der Straße beim Spielen erwischt wurde: Ärger war ihm gewiss. Wenn ein besonderer Feiertag anstand, ein Familienfest oder sogar eine Hochzeit, dann wurden wir Kinder

Mit Anzug und Fliege – aber kurzen Hosen festlich zurechtgemacht.

besonders fein herausstaffiert. Der Petticoat gehörte Anfang der 60er-Jahre häufig noch zur Festtagskleidung, mit Spitze besetzt und je bauschiger, desto schöner. Den Anzug mit Hemd und Schlips oder Fliege mussten die Jungen tragen – wenn auch noch die kurzen Hosen im Sommer Pflicht waren.

Die hatte man immer dabei:
Glasmurmeln gehörten in die Taschen.

Das Leben spielt draußen: Bälle, Murmeln, Flitzebogen

Nur wenige Spielsachen, dafür ganz viel Einfallsreichtum und Phantasie: Damit verbrachten wir Kinder die Nachmittage. Gemeinsam mit den Nachbarskindern konnte es eigentlich nicht langweilig werden, wir waren immer im Pulk unterwegs, meistens auch ältere und jüngere Kinder gemischt. Ein paar Glasmurmeln hatte fast jeder dabei, und auf den Plätzen und Wegen gab es noch keine durchgehenden Asphaltdecken, so dass kleine Unebenheiten zum Klickern gut genutzt werden konnten. Auf einer Wiese oder einem Bolzplatz fanden sich jederzeit ein paar Jungs, die gegeneinander Fußball spielten.

Es wird dunkel: Ab nach Hause, hieß es für uns Kinder.

Einen Ball besorgte irgendjemand und schon ging es los. Aus dem Fernsehen erfuhren wir, wie Cowboys und Indianer gegeneinander kämpften. Kleine Flitzebogen aus biegsamen Weidenstöcken entstanden, die Pfeile mit Hühnerfedern geschmückt. Auch Versteckspielen blieb populär: Das Gesicht gegen den Baum, Augen verdeckt, zählte der Sucher bis 20 und rief: „Hinter mir und vor mir gilt nicht, ich komme!“ Wer es schaffte, an den Baum anzuschlagen, ohne gefunden worden zu sein, hatte gewonnen. Die Mädchen, die bei den wilden Verfolgungsspielen nicht mitmachen wollten, spielten stundenlang „Ball ans Scheunentor“: Auf die unterschiedlichsten Arten wurde ein Ball gegen die Wand geschlagen, mindestens zehnmal, damit es zählte: mit beiden Händen, einer Hand, Händen überkreuz, mit Fäusten, Fingern, dem Kopf, dem Knie.

Konkurrenz auf dem Bildschirm

Das ist kein Aprilscherz: Am 1. April 1963 geht das Zweite Deutsche Fernsehen (ZDF) auf Sendung. Die Arbeitsgemeinschaft der Rundfunkanstalten Deutschlands (ARD), kurz das erste Programm genannt, bekommt zum ersten Mal Konkurrenz. Als Höhepunkt des Premierenabends bietet der neue Sender seinen Zuschauern die Unterhaltungsshow „Berlin-Melodie“. Ein kleines Zusatzgerät war notwendig, um von einem Programm auf das andere (von UHF auf VHF) umschalten zu können. Im Dezember 1960 hatte das Bundesverfassungsgericht noch das so genannte Adenauer-Fernsehen verhindert, eine vom Bund gegründete privatrechtliche Deutschland-Fernsehen-GmbH.

Ab in die Kindererholung

Zu klein, zu dünn, zu mickrig? Diese Diagnose bedeutete häufig für die Kinder: ab in die Kindererholung. Sechs Wochen aufpäppeln in gesunder Berg- oder Seeluft, das stärkt den Appetit und die Abwehrkräfte! Den sechsjährigen Klaus, gerade in die Schule gekommen, traf dieses Schicksal mit voller Breitseite. Er hatte keine Chance, dagegen anzukämpfen – was offiziell angeordnet wurde, musste auch befolgt werden. Schließlich geschah das alles nur zu seinem Besten. Mit vielen Leidensgenossen saß er in dem Zug nach Berchtesgaden. Stadt und Kirche organisierten den Aufenthalt gemeinsam. Ängstlich harrte er auf das, was kommen möge. Er ahnte Schlimmes, und er sollte Recht behalten: Sechs Wochen lang fort von zu Hause; sechs Wochen lang strenge Aufsicht, damit auch immer der Teller abgegessen wurde; sechs Wochen lang schlafen in eine Richtung, um ungehöriges Schwätzen mit dem Bettnachbarn zu vermeiden. Sicher, es gab auch Dinge, die Spaß machten; aber nichts war den kleinen Pimpfen in den meisten Fällen lieber als die Nachricht, dass die Zeit vorbei sei und es wieder nach Hause gehe. „Das werde ich meinen Kindern nicht antun", hat Klaus sich später geschworen.

Gute Miene zum bösen Spiel: Nach sechs Wochen Erholungsaufenthalt feierten wir Kinder das Ende mit einem bunten Abend im Heim.

Kontakte ins andere Deutschland

Der Kalte Krieg erlebte seinen Höhepunkt, die Grenze mitten durch Deutschland, immer mehr befestigt und kaum überwindlich, trennte die West- von den Ostdeutschen. Doch trotzdem waren Kontakte möglich. In der Grundschule packten wir jedes Jahr in der Vorweihnachtszeit Pakete für ganz bestimmte Empfänger in der DDR – eine Abkürzung, die übrigens äußerst verpönt war, denn der ostdeutsche Staat wurde als solcher nicht anerkannt. Über den Lehrer, der selbst aus „Mitteldeutschland" stammte, und über die evangelische Kirche bekamen wir Adressen genannt, speziell von solchen Menschen, die es im System der DDR nicht leicht hatten und benachteiligt wurden. Luxusnahrungsmittel, die im Westen frei verkäuflich, im Osten aber schwer zu bekommen waren, landeten in den Paketen: Kaffee, Schokolade, Zucker, auch mal Zigaretten. Speziell für uns Kinder waren auch Brieffreundschaften möglich mit Kindern jenseits der Grenze. Für eine Weile erfuhren wir durch den Briefwechsel, dass in dem Land auf der anderen Seite des Zaunes Menschen wie du und ich lebten.

Nur per Brief und Bild möglich:
Kontakt zur Freundin in der DDR.

Wie wär's mit einem Ausritt, Fury?

Das Fernsehen gewann für uns Kinder Anfang der 60er-Jahre eine größere Bedeutung. Immerhin gab es jetzt schon spezielle Kinder- und Jugendprogramme, die für eine oder zwei Stunden nachmittags gezeigt wurden. Unvergessen bleibt die amerikanische Serie mit dem kleinen Joey und seinem Hengst Fury, zunächst in Schwarz-Weiß, später auch in Farbe. „Na, Fury, wie wär's mit einem Ausritt? Hast du Lust?", fragte Joey zu Beginn jeder Sendung, und schon beugte das schwarze Pferde die Knie und ließ Joey aufsitzen – ohne Sattel und Zaumzeug. 116 Folgen der Serie „Fury" liefen von 1958 bis

Amerikanische Fernsehserien eroberten die Kinderherzen.

1969 in der ARD. Die allererste amerikanische TV-Serie im deutschen Fernsehen handelte von den Erlebnissen des Waisenjungen Rusty mit seinem Schäferhund Rin Tin Tin, die im 19. Jahrhundert in Fort Apache bei den Soldaten lebten und viele Abenteuer bestehen mussten. Wir konnten die Kämpfe zwischen Indianern, Cowboys und Soldaten mit Holzgewehren und selbstgebautem Pfeil und Bogen wunderbar nachspielen.

John F. Kennedy: Hoffnungsträger und Attentatsopfer

Nur knapp vier Jahre währte die Amtszeit des 35. amerikanischen Präsidenten: Im November 1960 wird der 43-jährige John F. Kennedy mit einer äußerst knappen Mehrheit gewählt, gilt als Hoffnungsträger einer neuen Zeit, kündigt Sozialreformen und mehr Bürgerrechte für die schwarze Bevölkerung an. Er begeistert noch im Juni 1963 viele Berliner und bekundet seine Verbundenheit mit der geteilten Stadt.

Schockiert reagiert die gesamte Weltöffentlichkeit auf den Mord an Kennedy: Er wird am 22. November 1963 in Dallas/Texas erschossen. Die Fernsehbilder gehen um die Welt und erreichen auch die bundesdeutschen Bildschirme. Der Tod Kennedys gehört mit zu den ersten weltpolitischen Nachrichten, die auch wir Kinder aufmerksam verfolgen.

Gummitwist und Beatmusik: Von Langeweile keine Rede

Der Weg wird weiter: Das Fahrrad tut gute Dienste bis zur weiterführenden Schule.

Neue Schule, neue Freunde, neue Wege

Andere Zeiten brachen an Mitte der 60er-Jahre: politisch, gesellschaftlich, musikalisch – aber auch für uns Kinder ganz persönlich. Mit dem Ende der Grundschulzeit betraten wir in vieler Hinsicht Neuland. Ein wichtiger Schritt damals: der Wechsel in die weiterführende Schule. Einklassige Volksschulen bis zur 8. Klasse, die bequem zu Fuß erreichbar waren, gehörten in den

Chronik

25. Februar 1964
Der farbige Schwergewichtsboxer Cassius Clay gewinnt mit 22 Jahren seinen ersten Weltmeistertitel gegen Titelverteidiger Sonny Liston. Nach dem Sieg schreit er: „Ich bin der Größte."

7. August 1964
Beim so genannten Tonkin-Vorfall beschießen nordvietnamesische Truppen ein US-Schiff. Die USA verstehen das als Angriff, der Kongress genehmigt dem Präsidenten Lyndon B. Johnson militärisches Vorgehen: Der Vietnam-Krieg beginnt.

14. Oktober 1964
KPdSU-Generalsekretär Nikita Chruschtschow wird gestürzt, sein Nachfolger ist Leonid Breschnew.

30. April 1965
Dem Schweden Lennart Nilsson gelingen sensationelle Fotos von Embryonen im Mutterleib. Sie zeigen erstmals das Frühstadium menschlichen Lebens.

4. Mai 1966
In China leitet der kommunistische Parteivorsitzende Mao Tse-tung die „Große proletarische Kulturrevolution" ein, die zu politischen Verfolgungen führt und das Land um Jahre zurückwirft.

1. Dezember 1966
Beginn der Großen Koalition zwischen CDU und SPD, Kurt Georg Kiesinger wird Bundeskanzler und löst Ludwig Erhard ab, Willy Brandt wird Außenminister.

2. Juni 1967
Schwere Ausschreitungen und Demonstrationen während des Schah-Besuchs in Berlin: Der Student Benno Ohnesorg wird erschossen, die Protestbewegung der jungen Generation wird politisiert und radikalisiert.

5. Juni 1967
Der Sechs-Tage-Krieg zwischen Israel und seinen Nachbarn beginnt. Israel überrascht seine arabischen Nachbarn mit einem Präventivschlag und erobert große Gebiete.

25. August 1967
Mit einem Knopfdruck schaltet Bundesaußenminister Willy Brandt bei der 25. Funkausstellung in Westberlin von Schwarz-Weiß auf Farbfernsehen um.

3. Dezember 1967
Dr. Christiaan Barnard gelingt in Kapstadt/Südafrika die erste Herztransplantation.

meisten Dörfern der Vergangenheit an. Neue Mittelpunktschulen entstanden in zentralen Ortschaften. Bis ins nächste Gymnasium war der Weg ohnehin erheblich weiter als bisher. Wie also zur Schule kommen? Die ersten Schritte in eine fremde Umgebung, Kontakt zu anderen, bislang unbekannten Menschen, neue Lehrer und andere Fächer bedeuteten für uns Zehnjährige einen Quantensprung.

Das eigene Fahrrad spielte für den Schulweg eine wichtige Rolle. Auf das Zweirad Marke Sigurd schnallte Peter morgens seine Mappe auf den Gepäckträger und radelte die paar Kilometer zur Schule und wieder zurück. Bei Regenwetter gab's mal nasse Füße, aber eine Alternative war nicht in Sicht, extra Schulbusse noch Zukunftsmusik. Wer weitere Wege bis in die nächste Großstadt bewältigen musste, der war auf den Linienbus oder die Bahn angewiesen. Und das hieß – mit elf oder zwölf Jahren – morgens um 6 Uhr aufstehen, eine Stunde Fahrtzeit und nachmittags erst um 14:30 Uhr wieder zu Hause sein.

Im Laufe der Monate und Jahre konnten die gemeinschaftlichen Fahrten durchaus ihre Reize haben: Neue Freundschaften entstanden, interessante Themen kamen auf, die Jüngeren lauschten gespannt bei den Gesprächen der Älteren. Eine andere Welt tat sich auf, die ersten Schritte auf dem schwierigen Weg aus der Kinder- in die Jugendzeit lagen schnell hinter uns.

Wandern von Klasse zu Klasse

Auf eines konnte man sich im deutschen Schulsystem eigentlich immer verlassen: Jede Schulklasse hatte ihren Klassenraum, zumindest für ein Schuljahr, meistens darüber hinaus. Doch der Drang nach besserer Schulausbildung sorgte für immer mehr Schüler in den weiterführenden Schulen. Die Gymnasien, vor allem die, an denen Jungen und Mädchen zusammen unterrichtet wurden, platzten aus allen Nähten. Es gab mehr Klassen als Klassenzimmer. Für uns Sextaner und Quintaner bedeutete das: große Klassen mit mehr als 30 Schülern, manches Mal auch Unterricht in den Nachmittagsstunden und für kurze Zeit ein Kuriosum – die Wanderklassen. Von Stunde zu Stunde wechselten wir den Raum, gingen zum Englischunterricht dorthin, zu Mathe da hin, gerade wo Platz war und die angestammte Klasse wegen Sport, Bio oder anderen Fächern ihren Raum nicht benötigte.

Die Beatlemania bricht aus

Was ganz bescheiden in Liverpool angefangen hat, erreicht in kurzer Zeit Kultstatus: die Band The Beatles. Elektrische Gitarren, gemischt mit mehrstimmigem Gesang und harten Beats, begeistern die Teenager weltweit. 1964 brechen John, Paul, George und Ringo sämtliche Verkaufsrekorde, in den US-Charts schaffen sie es, die ersten fünf Plätze gleichzeitig zu belegen. Bis zu ihrer Trennung 1970 verkaufen sie weit über eine Milliarde Tonträger. Auf ihrer großen Deutschland-Tournee 1966 werden sie von Zehntausenden umjubelt. Mit den Beatles wird auch das Band-Konzept geboren: Nicht mehr ein Sänger, sondern die ganze Gruppe steht im Rampenlicht.

Kurzschuljahr und nullte Stunde

Noch eine Umstellung erwischte uns: die Kurzschuljahre. Zwei Schuljahre mit ihrem vollen Lernprogramm absolvierten wir in nur 16 Monaten – und sparten dabei natürlich Zeit. Grund für diese eigentümliche Regelung war die Verlegung der traditionellen Einschulungszeit von Ostern auf die Zeit nach den Sommerferien. Das hieß konkret: Der Start des Schuljahres sollte ab 1968 immer im August sein, die Halbjahreszeugnisse gab es Ende Januar, die Versetzungszeugnisse im Juni/Juli. Um den Lehrstoff überhaupt schaffen zu können, verdonnerten uns die Schulen zu ungewöhnlichen Unterrichtszeiten. Die nullte Stunde – Start 45 Minuten vor dem üblichen Beginn – war keine Seltenheit, ebenso die 7. Stunde, bis in die Nachmittagsstunden hinein. „Blockflöte, Mittwoch nullte Stunde“ – das war der Alptraum für manchen Quartaner, der sich kurz nach 7 Uhr schon mit dem ungeliebten Instrument befassen musste.

Ein Spaß dagegen wurden die Unterrichtsstunden im Kochen, die nachmittags stattfanden und an denen auch Jungen teilnehmen konnten. Etliche der traditionell sehr küchenfern erzogenen Schüler nahmen es mehr als Gaudi denn als Ansporn, mit Schürze am Herd zu stehen und hinterher alles wieder sauber zu machen. Ob es genutzt hat? Keine Ahnung – aber geschadet hat es sicher keinem.

Nachmittags wurde Kochen unterrichtet – auch für die Jungen!

Abenteuer zwischen Buchseiten

Was wir als elf-, zwölfjährige Kinder nicht selbst erleben konnten, das lieferten uns die modernen Kinder- und Jugendbücher, die es inzwischen gab. Sie entführten uns in ferne Länder und erzählten von aufregenden Abenteuern jugendlicher Helden. Trotzdem ließen sie der Fantasie noch jede Menge Raum. Das „Schneider-Buch“ wurde zum Markenzeichen spannender, dabei moralisch einwandfreier Unterhaltung. Manche Autoren begleiteten uns durch die Jahre: Enid Blyton zum Beispiel oder Gitta von Cetto und Marie-Luise Fischer. Die Abenteuer der fünf Freunde hielten uns in Atem: Es gab zahllose Bände über die Kindergruppe, die unerschrocken und ideenreich gegen windige Typen vorging und Verschwörungen aufdeckte. Das Zwillingspärchen Hanni und Nanni begeisterte mit seinen frechen Aktionen vor allem die Mädchen. Gerne hätten wir uns damals in ähnlichen Abenteuern und Gefahren bewegt. Zumindest im Spiel versuchten wir immer wieder, die Erlebnisse unserer Lieblingshelden nachzuempfinden.

Für die Fans des Wildwest-Klassikers Karl May mit seinen Helden Winnetou und Old Shatterhand hatte der Ueberreuter-Verlag eine zündende Idee und gab eine „ungekürzte Volksausgabe“ der 70 Karl-May-Bücher heraus. Nur mit Papiereinbänden und geklebt, außerdem in kleiner Schrift auf eher zweitklassigem Papier gedruckt, standen die Bände in den Regalen der Buchhändler und kosteten 2,95 DM. Bei dem Preis griffen die Karl-May-Süchtigen zu, und manche sparten eisern ihre Groschen, bis sie das Geld für die nächste Folge zusammen hatten.

Auf Rollschuhen unterwegs

Sie ratterten und polterten, erschütterten besonders bei Kopfsteinpflaster den gesamten Körper – aber wir wollten sie nicht missen, unsere Rollschuhe. Auf vier eisernen Rollen ließen sie uns erstaunliche Geschwindigkeiten erreichen,

Spaß auf vier Rollen: Die Rollschuhe passten dank variabler Größe über mehrere Jahre.

dank verstellbarer Schienen in der Mitte passten sie sich zudem der jeweiligen Schuhgröße problemlos an. Ob Jungs oder Mädchen, mit den schnellen Rollern unter den Füßen machte es noch mal so viel Spaß, sich durch die Straßen und auf den Plätzen zu bewegen. Im Zweierpack lieferten wir uns sogar richtige Rennen: vorne das Fahrrad, dahinter der Rollschuhfahrer mit der Hand am Gepäckträger – und schon ging's los. Um die Kurven herum kamen ordentliche Schleuderkurse dabei zustande. So manche Hose oder Strumpfhose ging dabei zu Bruch, und etliche Knie und Ellbogen mussten mit Jod und Pflaster behandelt werden.

Ein Gummiband macht Furore

Mit wenig Aufwand viel Spaß haben: Darin waren wir große Künstler in jenen Jahren. Nur ein paar Meter Hosengummi, der Mutter aus dem Nähkasten entwendet, bescherten zum Beispiel viele Stunden anregender Unterhaltung – beim Gummitwist. Das Spiel eroberte in Windeseile die Schulhöfe

Einfaches Hosengummi machte in den 60er-Jahren Karriere – als Sport- und Spielgerät beim Gummitwist.

und Straßen. Das zusammengeknüllte Gummiband passte in jede Tasche. Sobald drei Mädchen, manchmal auch Jungs, ein paar Minuten Zeit hatten, spannten sie den Gummiring um vier Fußgelenke, der Dritte musste springen. Vom Leichten zum Schweren hieß die Devise: Erst schwebte das Gummiband nur wenig über der Erde, zum Schluss mindestens 60 bis 70 Zentimeter hoch. Die Figuren, die gesprungen werden mussten, folgten einem strengen Reglement, doch auch neue Erfindungen bauten wir gerne mit ein. Sogar zu zweit machte das Spiel Spaß: Dann ersetzte eben ein Stuhl den dritten Mitspieler.

Twiggy und der Minirock

Der Minirock, erfunden von der britischen Modedesignerin Mary Quant, revolutioniert ab Mitte der 60er-Jahre die Damenmode. Die kurzen Röcke und Hängerchen werden von superschlanken Models vorgestellt: Die fast magersüchtig erscheinende Engländerin Twiggy zum Beispiel avanciert zum neuen Schönheitsideal der Mädchengeneration. Unentbehrlich bei den kurzen Rocksäumen wird die Nylonstrumpfhose, die ihren triumphalen Siegeszug antritt.

Auf dem Kartoffelacker

Mit aufs Feld, bei der Ernte vom Heu bis zu den Kartoffeln helfen: Für die Kinder und Jugendlichen, deren Eltern Landwirtschaft betrieben, eine selbstverständliche Pflicht neben der Schule. Aber auch Nachbars- und Ferienkinder machten mit – freiwillig und mit einer gehörigen Portion Spaß an der Sache. Wann schließlich durfte man als Zwölfjähriger schon Traktor fahren? Oder auf einem schwankenden Heuberg sitzen und die Welt von oben betrachten? Richtig zur Sache ging es bei der Kartoffelernte Ende September. Da wurde jede helfende Hand gebraucht, denn die Maschine riss lediglich Reihe für Reihe die Erde auf und beförderte die Knollen an die Oberfläche. Von dort lasen wir sie per Hand auf, Kartoffel für Kartoffel, immer rein in den Korb. Manchmal durfte einer von uns den kleinen Traktor mit Hänger langsam

Pause macht die Arbeit schön:
Auf dem Lande halfen die Kinder bei der Ernte.

vorwärts fahren, damit die Säcke aufgeladen werden konnten. War das Feld abgeerntet, brannten die Bauern das trockene Kartoffelkraut in großen Haufen ab. Ein Spaß für uns: Kartoffeln in die Glut werfen und sie nach einer Weile mit Stöcken wieder herausholen – eine Köstlichkeit, wenn man sich nicht den Gaumen verbrannte.

Märklin-Bahn und Lego-Steine

Wenn es das Wetter nicht zuließ draußen zu spielen, dann blieb auch uns nichts anderes übrig, als nach Möglichkeiten der Unterhaltung im heimischen Kinder- oder Wohnzimmer zu suchen. Der Fernsehapparat bot für kurze Zeit Abwechslung mit bekannten Kinderserien wie Fury, Lassie und Kalle-Blomquist-Filmen. Doch das Vergnügen dauerte selten länger als eine halbe Stunde. Der Traum von der Modelleisenbahn jedoch blieb über lange Zeit bestehen. Wer eine Märklin-Bahn mit elektrisch betriebenen Loks sein Eigen nennen konnte, der hatte keinen Mangel an Freunden.

Modellbau im Kleinen betrieben wir auch ohne die Bahn: Die Lego-Steine kamen immer mehr in Mode. Mit den bunten Plastik-Klötzen ließen sich wunderbar Häuser aller Art bauen, die gelben Zweier, Vierer und Sechser immer schön auf Lücke aufeinander gesteckt, damit die Mauer auch gut hält.

Lebenslang für Auschwitz-Aufseher

Die Welt blickt im August 1965 auf Frankfurt/Main: Dort verkündet das Schwurgericht die Urteile gegen frühere SS-Aufseher des Konzentrationslagers Auschwitz wegen der Ermordung von mehreren Millionen Häftlingen. Sechs Aufseher werden zu lebenslanger Haft verurteilt, zehn zu mehrjährigen Zuchthausstrafen. Das Verfahren ist eines der größten in der Geschichte der Bundesrepublik. Es gilt im Ausland als Prüfstein dafür, wie die Deutschen mit ihrer Vergangenheit umgehen. Die fehlende Auseinandersetzung mit der Nazi-Zeit wird auch innenpolitisch zum Kritikpunkt: Die immer heftiger protestierenden Studenten werfen der Bundespolitik darin Untätigkeit vor.

Schwimmen am Baggerloch

Ein Lieblingsziel von uns Kindern und Jugendlichen waren im Sommer die nahen Baggerseen. In der Flussaue runde drei Kilometer entfernt schürften große Maschinen den recht nahe der Oberfläche vorhandenen Kies aus und luden ihn auf Laster. Das Grundwasser floss in kurzer Zeit zurück in die Baggerlöcher, und schon entstanden kleine Seen oder Teiche. Frisches, kühles Wasser, viel Platz drum herum und kein Pfennig Eintritt: Das waren gute Argumente, um sich, mit Handtuch, Sonnencreme und Getränken ausgerüstet, aufs Fahrrad zu schwingen und die paar Kilometer zu radeln. Eine Fahrbereitschaft für Kinder und Jugendliche gab es nicht. Wir mussten zusehen, wie das

Transportproblem zu lösen war. Das Fahrrad blieb das optimale Hilfsmittel: Damit waren wir zumindest unabhängig und konnten selbst bestimmen, wann wir zurückfuhren – manchmal auch später als verabredet, das konnte schon mal Ärger geben. Die langen Sommernachmittage am Baggerloch – irgendwie war das Wetter meistens gut – vergingen mit Federballspiel, Faulenzen und endlosen Gesprächen wie im Fluge. Die Warnschilder „Baden auf eigene Gefahr" schreckten uns nicht, auch nicht der feine Schlamm zwischen den Zehen oder die Pflanzen, die im Wasser wuchsen und sich beim Schwimmen um die Beine schlangen.

Strandgymnastik: Der weiche Sand lockte vom Lager an den Ostseestrand.

Neue Freunde im Zeltlager

200 Jungen oder Mädchen, elf bis 18 Jahre alt, jeweils drei Wochen lang in Zehn-Mann-Zelten untergebracht, mit nur zehn Klohäuschen, ein paar Gemeinschaftsduschen und täglichem Küchendienst: Das sollte Spaß machen? Und wie! Für wenig Geld boten Landkreise, Städte und Kirchen solche Ferienaufenthalte für Jugendliche und Kinder an. Für uns war das die beste Gelegenheit, mit Gleichaltrigen gemeinsam die Ferien zu genießen – auch wenn die Regeln streng waren und alle sich an Kochvorbereitung, Abwasch und Toilettenreinigung beteiligen mussten. Dafür war Langeweile ein Fremdwort. Den ganzen Tag über waren wir aktiv: vom Weckruf mit dem Akkordeon über Spiele auf dem Gelände bis zum Burgenbauen am Strand und einem erfrischenden Sprung in die Ostsee.

Die Wettbewerbe gehörten in den 60er-Jahren zum üblichen Programm: Wir kämpften um die Titel für das ordentlichste Zelt, die beste Verkleidung, die schönsten Liedvorträge, sangen abends am Lagerfeuer Melodien aus der Mundorgel und bestaunten Winnetou und seine Freunde bei den Karl-May-Freiluftspielen in Bad Segeberg. Die Zelte hielten bei schlechtem

Wetter dem Regen nicht immer stand: Manche Wolldecke wurde schnell vor der Nässe in Sicherheit gebracht.

Beim Spaziergang entlang der Promenade schaute sich der eine oder die andere schon mal nach hübschen Mädchen oder feschen Jungs um. Die Pubertät hatte uns schließlich bereits fest im Griff.

Mit Schlitten und Skiern

Eine Schneedecke, zünftige Wintersachen: Einen Skiurlaub konnten sich in den 60er-Jahren nur wenige leisten.

Mit der Familie in den Winterurlaub fahren: Das war dagegen auch noch in den 60ern ein richtiger Luxus. Für uns, die wir das Glück hatten, dabei sein zu können, bedeutete der Kontakt zu richtigen Skipisten allerdings einen Heidenspaß. Mit Steghose und Wollpullover ausgerüstet, stellten wir uns mutig den Hängen. Wer's genau wissen wollte, der engagierte für einen oder zwei Tage einen Skilehrer, der einem die Grundbegriffe beibrachte: Bergski, Talski, Schneepflug, Stemmbogen. Das musste reichen, um auf den einfachen Holzbrettern – Sicherheitsbindung war unbekannt! – in Richtung Tal zu rutschen. Mit etwas Bewegungstalent klappte das nach ein paar Tagen ganz gut.

Den Schlittenhügel gab es dafür überall, wo etwas steilere Straßen oder ein freier Hang das richtige Gefälle boten. „Bahn frei, ich komme" lautete der Schlachtruf beim Start. Zuvor hatten wir die Kufen mit Schmirgelpapier und Speck glatt und glänzend gerieben – schließlich sollte die Fahrt nicht mitten auf der Piste schon zu Ende sein. Die stabilen Holzschlitten schafften es leicht, zwei oder drei von uns gemeinsam bis ins Tal zu tragen. Zu einem „Bob" banden wir mehrere Schlitten mit den Zugseilen aneinander. Was für ein Spaß, wenn schon in der kleinsten Kurve das Gefährt umkippte und uns alle in den Schnee beförderte!

Handball erst ab der C-Jugend

Wer nicht mehr nur in Straßenteams bolzen wollte, der schaute sich mit elf, zwölf Jahren um nach einem Sportverein. Erst ab diesem Alter gab es für uns die Möglichkeit, in richtigen organisierten Mannschaften zu spielen und zu trainieren. Für welche Mannschaftssportart man sich entschied, hing vor allem vom Wohnort ab: War ein Fußballverein im Stadtteil oder im Dorf aktiv, wurde Fußball gespielt, gab es einen Handballverein, dann eben Handball. Die Auswahl an anderen Sportarten tendierte gegen Null, besonders auf dem Lande. Beide Sportarten hatten einen entscheidenden Vorteil: Sie wurden in erster Linie draußen ausgeübt, besonders Fußball. Training und Spiele fanden auf dem normalen Sportplatz statt und den gab es so gut wie überall. Hallenhandball spielte nur in den Wintermonaten eine Rolle: Dann konnte der Transport von uns Akteuren in die meist weiter entfernte, damals noch rare Halle schon mal zu einem Problem werden. Sieben Kinder in dem einen Fahrzeug des Betreuers, das war die Regel und keine Ausnahme.

Mit zwölf, 13 Jahren sammelten wir damals in den Mannschaftssportarten die ersten Erfahrungen.

Das berühmte Wembley-Tor

Das umstrittenste Tor der Fußballgeschichte fällt am 30. Juli 1966 im Londoner Wembley-Stadion. Beim Finale der Fußballweltmeisterschaft spielt Gastgeber England gegen das deutsche Team und gewinnt letztlich mit 4:2. Das spielentscheidende Tor zum 3:2 in der Verlängerung sorgt jedoch für endlose Diskussionen: Geoffrey Hurst knallt den Ball an die Unterkante der Querlatte, von dort springt er auf den Boden und wird ins Aus geköpft. War der Ball nun hinter der Tor-Linie oder nicht? Der Linienrichter sagt ja – Tor für England.

Bis heute ist auch mit Hilfe von Fernsehaufnahmen nicht geklärt, ob das „Tor des Jahrhunderts" eines war oder nicht.

Der Sound der 60er per Schallplatte

Er war von der Firma Dual, hatte einen Wechsler für fünf Schallplatten und den Lautsprecher im Deckel: der erste Plattenspieler, heiß begehrt und von den Freundinnen ebenso heiß beneidet. Zum zwölften Geburtstag stand er auf dem Gabentisch, dazu ein Sammelalbum für die Singles, die in den nächsten Wochen und Monaten gekauft und getauscht werden sollten. Transparente Hüllen sorgten dafür, dass die bunten Cover auf den ersten Blick zu erkennen waren: „Heißer Sand" von Mina, ein Hit aus dem Jahr 1963, gehörte zu den ersten Platten, doch schnell folgten die poppigen und rockigen Varianten mit den Beatles und den Rolling Stones, den Hollies und den Kinks. Poster von den Lieblings-Bands schmückten die Wände – wenn es denn die Eltern zuließen. Die langhaarigen Pilzköpfe, als Gammler verschrien, und ihre Krachmusik stießen bei der älteren Generation auf wenig Verständnis und viel Misstrauen.

In das gediegene Wohnzimmer brach Mitte der 60er-Jahre die neue Jugendkultur ein: Der Beat Club flimmerte über den Bildschirm.

Jugendkultur im TV: der Beat Club

Samstagnachmittag, 5.30 Uhr, Wohnzimmer: Der Kampf um die richtige Fernsehsendung begann. Und wir hatten es als 13-Jährige wahrlich nicht leicht, uns gegen Erwachsene und kleinere Geschwister durchzusetzen. Schließlich gab es den Beat Club von Radio Bremen nur alle vier Wochen im Fernsehen. Und den wollten wir auf keinen Fall verpassen – auch wenn der Streit mit Eltern und Großeltern meist vorprogrammiert war. Ihre Toleranz für die Musik der Jugend, für Rock und Beat hielt sich sehr in Grenzen. „Was ist das nur für schreckliches Zeug?", fragten sie empört und schüttelten die Köpfe. Im September 1965 ging die erste Live-Fernsehsendung über den Äther, die, moderiert von Uschi Nerke, ausschließlich den Interessen der Teenager und Twens und ihrer Musik gewidmet war. Inzwischen war die Jugendkultur, vor allem die Rock- und Popmusik, zu einem beachtenswerten Wirtschaftsfaktor geworden. Wir Jugendliche waren als Käufer-Zielgruppe für eine schnell wachsende Musikindustrie durchaus interessant.

Aufklärung mit „Helga"

Die Aufklärungswelle nimmt 1967 ihren Anfang. Der Film „Helga" kommt in die deutschen Kinos und zeigt zum ersten Mal die Geburt eines Menschen in allen Phasen. Reihenweise fallen Männer bei den Vorführungen in Ohnmacht oder verlassen empört und entsetzt das Kino: Bis dato hatte man sie mit der Realität einer Geburt nicht konfrontiert. Dass Männer im Kreißsaal bei der Geburt ihres Kindes dabei sein könnten, war noch völlig undenkbar.

1968–1972

Demos, Politik und Pizza: **Die Protestwelle reißt uns mit**

Noch brav im kleinen Schwarzen

In den europäischen Großstädten revoltierten die Studenten, in Berlin und Frankfurt gingen sie als Außerparlamentarische Opposition (APO) auf die Straße und riefen zum Kampf gegen das Establishment auf. Wir, gerade mal 14 Jahre alt geworden, hörten und sahen, was passierte – aber noch aus respektvoller Entfernung. Im Alltag dominierte das eher konservative Weltbild unserer Eltern. Ältere Geschwister sorgten vielleicht hier und da für Zwistigkeiten im Generationenkonflikt und mit ihren Ansichten und Vorstellungen über Moral, Kleidung und Freizügigkeit für Auseinandersetzungen. Für uns erschöpfte sich die Revolte zunächst in der Begeisterung für die Rockmusik und ihre Heroen.

Noch ganz in der Tradition des bedeutsamen Familienfestes verhaftet, feierten wir unsere Konfirmation. Die klassische Aussteuer für die Mädchen lag

Chronik

1. Januar 1968
Die Mehrwertsteuer wird in der Bundesrepublik Deutschland eingeführt. Sie beträgt zehn Prozent.

4. April 1968
Martin Luther King, Führer der schwarzen Bürgerrechtsbewegung in den USA, wird in Memphis/Tennessee ermordet.

20. August 1968
Truppen des Warschauer Paktes marschieren unter Führung der Sowjetunion in die Tschechoslowakei ein und beenden damit die Demokratisierung des Prager Frühlings.

20./21. Juli 1969
Der Besatzung von Apollo 11 gelingt die Landung auf dem Mond. Der US-amerikanische Astronaut Neil Armstrong betritt als erster Mensch die Oberfläche des Erdtrabanten. Mehrere hundert Millionen Menschen auf der ganzen Welt verfolgen vor den Fernsehgeräten die Live-Übertragung vom Mond.

21. Oktober 1969
Willy Brandt wird Bundeskanzler einer sozial-liberalen Koalition nach dem SPD-Sieg bei der Bundestagswahl.

12. Januar 1970
Der Krieg in der nigerianischen Ostprovinz Biafra wird beendet, die Hungertragödie hält an. Das Schicksal der hungernden Kinder Biafras erschüttert die Welt und führt zu einer großen Hilfsaktion.

10. April 1970
Die Beatles geben ihre Trennung bekannt.

7. Dezember 1970
Die neue bundesdeutsche Entspannungspolitik Richtung Osten trägt Früchte: In Warschau wird der deutsch-polnische Vertrag unterzeichnet.

7. Februar 1971
In der Schweiz erhalten die Frauen zum ersten Mal das Stimm- und Wahlrecht.

9. Juni 1972
Das aktive Wahlalter wird auf 18 Jahre gesenkt. Im November gewinnt die SPD die Bundestagswahlen.

18. Juni 1972
Die „beste deutsche Fußball-Nationalmannschaft aller Zeiten“ gewinnt in Brüssel das Endspiel gegen die Sowjetunion mit 3:0 und wird neuer Fußball-Europameister.

Konventionell wie eh und je: Die Konfirmation im schwarzen Kleid und Anzug.

im Schrank, höchstens ergänzt durch ein paar bunte Popart-Bettbezüge als Anpassung an den Zeitgeist. Mit Eltern, Geschwistern, Paten und Verwandten erlebten wir den ersten Schritt ins Erwachsenenleben, der nur noch in wenigen Fällen auch bedeutete, „aus der Schule“ zu kommen. Die Ausbildung dauerte inzwischen länger als die früher üblichen acht Schuljahre. Familienfeier und Gottesdienst standen im Mittelpunkt der Konfirmation, die Geschenke spielten eine noch nicht so entscheidende Rolle. Taschentücher, eine eigene Bibel, eine Armbanduhr – und für die Jungs das erste Geld für ein Mofa. Das brave Mädchen trug ein schwarzes Kleid, schon modisch über dem Knie endend, mit weißem Kragen, der Junge den traditionellen schwarzen Anzug mit Schlips und Kragen.

Die Tanzschule wird revolutioniert

Nahezu Revolutionäres geschah in diesen Jahren in einer traditionsreichen Einrichtung: Die Tanzschule, Hort der spießigen Bürgerlichkeit, der Anstandsregeln und der Konventionen, wandelte sich unter dem Einfluss des Zeitgeistes, zumindest im städtischen Umfeld. Endlich passé also die langen Reihen rechts und links des Saales, „dort die Herren, hier die Damen"; die Kleiderordnung wurde neu geschrieben, sogar die Mädchen durften in langen Hosen zur Tanzstunde kommen. Leger und locker saßen wir an Tischgruppen und schauten den Vortänzern zu. Nicht nur Langsamer Walzer und Foxtrott standen auf dem Lehrprogramm, sondern auch moderne Tänze, die zu Rock 'n' Roll passten, oder ganz neue Formationstänze, die das Paartanzen völlig auflösten. Lediglich der Abschlussball mit Eltern, der blieb uns nicht erspart.

Studentenproteste und Notstandsgesetze

Trotz massiver Proteste in der Bevölkerung verabschiedet der Deutsche Bundestag am 30. Mai 1968 die Notstandsverfassung, die dem Staat die Möglichkeit gibt, auch in Friedenszeiten die Grundrechte der Bürger einzuschränken. Nach friedlichen Demonstrationen eskalieren im Sommer 1968 die Auseinandersetzungen, es gibt Tote und Verletzte. Der Protest besonders der akademischen Jugend richtet sich gegen die befürchtete Willkür des Staates, die Verstrickung der Mandatsträger und Politiker mit ihrer nationalsozialistischen Vergangenheit, gegen die Ausweitung des Vietnamkrieges, kämpft für mehr reale Demokratie und Emanzipation. Mit Brandstiftungen in zwei Frankfurter Kaufhäusern beginnen in diesem Jahr die terroristischen Aktionen der später als Rote Armee Fraktion (RAF) bekannt gewordenen gewalttätigen Gruppe um Andreas Baader und Ulrike Meinhof.

Wer eine Kreidler hatte, gehörte zu den Cracks!

Das Mofa macht mobil

„Da kommen schon wieder die Gasgriffdreher!"
Misstrauisch beäugt von den Nachbarn, brausten wir 14-Jährigen auf den brandneuen Mofas von Dorf zu Dorf, von Treffpunkt zu Treffpunkt. Da es kaum Jugendclubs gab, verabredeten wir uns mit unseren Freunden auf zentralen Plätzen. Bushaltestellen, die häufig Möglichkeiten zum Sitzen und Schutz bei Regen boten, waren beliebte Treffpunkte der Jugendlichen, wenn auch bei vielen Eltern nicht gut gelitten. „Eckensteher" hießen wir leicht abwertend bei den Dorfbewohnern; in der Stadt mit ihrer größeren Anonymität fielen die kleinen Gruppen nicht so sehr auf. Wichtig war uns der Abstand zur heimischen Familie, zu elterlicher Autorität und den Zwängen, die sie uns auferlegte.

Mit motorisierten Freunden stellten wir schnell eine auch räumliche Entfernung her, war die Fahrt in den nächsten Ort kein Problem. Abgestottert wurden die 25 km/h langsamen Motor-Fahrräder mit Hilfe des Konfirmationsgeldes.

Jeder will in einer Band spielen

Die Beat-Bands mit Schlagzeug, Elektro-Bass und elektrischer Gitarre schossen in jenen Jahren ohnehin wie Pilze aus dem Boden; jeder wollte die Songs der Beatles, Rolling Stones, der Who oder auch der erfolgreichen deutschen Beatgruppen wie den Lords oder Rattles nachspielen. Den Amateuren kam zugute, dass die einfachen Akkorde und Rhythmen der eher simpel gestrickten Beatmusik keine hohen Anforderungen stellten. Ausgiebige musikalische Kenntnisse oder Notenstudium waren für eine zufriedenstellende Aufführung nicht notwendig. Und so spielten die Gruppen bei

Beat- und Clubabende in allen Sälen: Die heimischen Gruppen hatten ihr Publikum und ihre treuen Fans.

zahllosen Tanzveranstaltungen in Gemeinschaftshäusern, Schulen und Clubs, ihre treuesten Fans immer dabei. Auf diese Weise verdienten sie sich ein paar Mark, denn die teuren Instrumente mussten sie selbst bezahlen, mit Taschengeld, Zeitungaustragen oder Ferien-Jobs.

Love and Peace in Woodstock

Das dreitägige Musik- und Kunst-Festival, das in Woodstock nördlich von New York stattfinden sollte und dann nach White Lake 80 km entfernt verlegt wurde, lockt im August 1969 mehr als eine Million Hippies und Anhänger der Love-and-Peace-Bewegung in den USA an. Etwa 500 000 schaffen es bis zum Gelände, der Rest wird vorher zurückgehalten. Bei teilweise schlechtem Wetter und unter katastrophalen Bedingungen erleben die Besucher ein grandioses Musikspektakel mit Superstars wie Jimi Hendrix, Joe Cocker, Santana, The Who, Crosby, Stills, Nash & Young, Joan Baez und Jefferson Airplane. Gemeinschaftserlebnis, Rockmusik, sexuelle Freizügigkeit, Antikriegs-Proteste und Drogen: Die Gegenkultur schaffte sich ihren eigenen Mythos.

Der Rock: zu Hause knielang, in der Schule kurz

Der Kampf mit den Eltern beschäftigte uns jetzt rund um die Uhr: Frisur, Ausgehzeiten, Discobesuche und vor allem die Kleiderordnung sorgten für fast tägliche Auseinandersetzungen. Um dem Ärger zu entgehen, spielten wir hin und wieder ein falsches Spiel: Morgens noch adrett und ordentlich, mit knielangem Rock, verließen die Mädchen das Haus, um spätestens an der nächsten Ecke den Bund mindestens dreimal umzukrempeln. Dann hatte der Rock endlich die richtige Mini-Länge. Doch im allgemeinen Wirrwarr der modischen Stile boten sich uns Ende der 60er-Jahre viele Möglichkeiten. Eine für längere Zeit gültige Mode, die verbindlich für alle galt, das gehörte immer mehr der Vergangenheit an. Da gab es den Gammler-Look, die Hippie-Mode, die Schlaghosen; die Levi's-Jeans entwickelten sich zum Kultkleidungsstück.

Mutig, mutig: Die einen provozierten mit richtig kurzen Röcken, die anderen begnügten sich noch mit adretten Kleidchen.

Erst Bonanza, dann Star Trek

Schon im Jahr 1969 begeistern Pa, Adam, Hoss und Little Joe aus der Westernserie Bonanza zum ersten Mal die bundesdeutschen TV-Zuschauer. Die Abenteuer der Familie Cartwright werden zum Dauerbrenner auf den Bildschirmen, die Ranch Ponderosa und der chinesische Koch Hop Sing zum Allgemeingut. An Durchhaltevermögen übertroffen wird Bonanza nur noch vom Raumschiff Enterprise. Commander Kirk, Mister Spock, Pille und Scotty erobern ab Mai 1972 den Weltraum im Deutschen Fernsehen. Die Reihe Star Trek wird seitdem entweder wiederholt oder fortgesetzt: Die Enterprise, so scheint's, fliegt für immer in die unendlichen Weiten des Alls.

Der erste Kuss

Aus uns pubertierenden Kindern waren inzwischen richtige Teenager geworden, die nach und nach selbst ausprobieren wollten, was sie bisher nur gehört, gelesen oder beobachtet hatten. Aufgeklärt hatte uns offiziell zwar keiner, Sexualkunde gab es in der Schule nicht, doch benötigten wir solche Hilfen nicht. Schließlich gab es die Oswald-Kolle-Filme und nicht zuletzt die Teenager-Zeitschriften wie die Bravo, die hinsichtlich solcher sexueller Fragen bei uns 14-, 15-Jährigen keine Fragen offen ließen. Die Pärchenbildung schwankte damals, schnell „ging" man mit jemandem, um in der nächsten Woche schon mit einem anderen Händchen zu halten.

Seit etlichen Jahren war sie jetzt schon auf dem Markt und wir alle kannten sie: die Antibabypille, kurz Pille genannt. Doch nur wenige Ärzte, Allgemeinmediziner

Freundinnen sprechen über alles: Auch Themen wie die Pille sind längst nicht mehr tabu.

wie Gynäkologen, wollten einem jungen Mädchen ohne weiteres die Pille verschreiben. Wer eine verständnisvolle Mutter hatte, die ihre Tochter zum Arzt begleitete, konnte auf ein Rezept hoffen. Unter uns anderen waren dafür die Adressen der Ärzte, die keine Skrupel oder Bedenken hatten, heiß begehrt. Waren wir nun lediglich „frühreif“ und ungezügelt, wie uns empörte Eltern vorwarfen? Auf jeden Fall bahnten wir den Weg für eine größere sexuelle Freizügigkeit, die in den späteren Jahren zur Selbstverständlichkeit wurde. Trotzdem kam die Pille für manche der Schulfreundinnen zu spät: Schwangerschaften bei jungen Mädchen kamen immer wieder vor, wurden jedoch schon anders behandelt. Größere Toleranz erlaubte es einigen, trotz eines Kindes weiter die Schule zu besuchen. Das wäre einige Jahre zuvor wohl nur schwer denkbar gewesen.

Weg mit dem Paragraphen 218

Die Emanzipationsbewegung der Frauen, in den 60er-Jahren entstanden, hat ein neues Ziel: die Abschaffung oder zumindest Reform des Abtreibungsverbotes, symbolisiert durch den Paragraphen 218. Tausende Frauen stehen 1971 hinter dieser Forderung, in vielen Städten demonstrieren sie für ihr Selbstbestimmungsrecht. Im „Stern“ bekennen 374 Frauen, darunter viele Prominente: „Wir haben abgetrieben!“

Wir demonstrieren!

So viel Wille zur Veränderung und Selbstbestimmung blieb auch politisch nicht ohne Folgen. Die Proteste der Studenten und der APO gegen Notstandsgesetze, Nazi-Vergangenheit und Napalm-Bomben in Vietnam griffen auf uns jüngere Schüler über. Linke Parolen waren permanent gegenwärtig, vor allem in den Gymnasien. 1969 und 1970 demonstrierten Tausende von Schülern gegen den Vietnamkrieg und die Erfolge der rechten NPD bei Landtagswahlen, aber auch für mehr Raum in den Schulen, mehr Rechte für die Schülervertretungen. Den Streikversammlungen und Vorbereitungen für Demos mit Gestaltung der Transparente fielen zahllose Stunden, auch Unterricht, zum Opfer.

Die Protestwelle rollt: Nach den Studenten demonstrieren auch die Schüler – für bessere Unterrichtsbedingungen, gegen rechte Parteien und Notstandsgesetze.

Wir redeten uns die Köpfe heiß darüber, was geändert werden müsste, unterzeichneten Unterschriftenlisten, verteilten Flugblätter. Radikal wollten wir sein, nicht angepasst, und manche Lehrer unterstützten durchaus unsere Wünsche nach Veränderungen und neuen Lebensformen.

Der Kniefall von Warschau

Weltweit beachtet wird der Kniefall von Kanzler Willy Brandt vor dem Mahnmal der Opfer des Warschauer Ghettos im Dezember 1970. Die spontane Geste ist Ausdruck des Willens zur Aussöhnung mit den östlichen Nachbarn. In der Bundesrepublik macht die Opposition aus CDU und CSU Stimmung gegen die Ostpolitik und wirft der Regierung die Preisgabe der früheren deutschen Ostgebiete vor. International werden die Entspannungsbemühungen jedoch anerkannt: 1971 erhält Willy Brandt den Friedensnobelpreis verliehen für seinen Beitrag zum Frieden in Europa.

Ein Bierchen darf‘s schon mal sein

Auch wenn Protest, ja schlichtweg das Anderssein die Zeichen der Zeit waren: In unserer Freizeit beschäftigten wir uns weiterhin auch mit traditionellen, ganz und gar unpolitischen Dingen. Die einen spielten Fußball in ihren Vereinen, trainierten regelmäßig und genossen das Zusammensein mit ihren Kumpels; im Zuge der Emanzipation ließen sich auch die Mädchen nicht lumpen und gründeten neue Teams in den Mannschaftssportarten wie Handball. Und bei Sportfesten, nach Turnieren, Training und Meisterschaftsspielen gehörten die gemütlichen Runden in der Stammkneipe einfach dazu. Das ein oder andere Bierchen durfte es dann schon mal sein – schließlich gehörte der Alkohol zu den gesellschaftlich genehmigten Genussmitteln, wie die Zigaretten auch. Angeheitert oder gar betrunken nach Hause zu kommen, das tolerierten die Eltern, wenn sie es auch nicht billigten.

Prost, Prost: Ob bei Kirmessen oder Partys, das Bier floss in Strömen durch unsere Kehlen.

Die „heiteren Spiele" und der Terror

Zum ersten Mal nach den nationalsozialistischen Spielen in Berlin 1936 finden Olympische Spiele wieder in Deutschland statt. Im Sommer 1972 ist die bayerische Metropole München Gastgeberin der 20. Spiele der Neuzeit. Heitere Spiele sollen es werden, die Jugend der Welt trifft sich an der Isar, Deutschland präsentiert sich als perfekter Gastgeber, die 16-jährige Ulrike Meyfarth gewinnt sensationell die Goldmedaille im Hochsprung – dann bricht der Terror ein: Am 5. September nehmen acht palästinensische Terroristen israelische Sportler im olympischen Dorf als Geiseln und fordern die Freilassung von Gesinnungsgenossen in Israel. Ein Befreiungsversuch scheitert, alle elf Geiseln und ein deutscher Polizist kommen ums Leben. Doch die olympische Bewegung will sich nicht dem Terrorismus beugen: Das IOC beschließt, die Spiele fortzusetzen: „The Games must go on!"

Partys, Discos, Clubs und Cliquen

Die eigene Sprache, die eigene Musik, die eigene Kleidung: Wir Jugendlichen wollten unter uns sein und schufen uns eigene Lebensbedingungen, häufig Lichtjahre entfernt von der Welt unserer Eltern. Wir gründeten Jugendclubs, in denen wir uns trafen und weitgehend tun konnten was wir wollten. In den Discos legten die Discjockeys die Musik auf, die wir hören wollten. Und bei privaten Partys waren Kontrollbesuche der alten Herrschaften verpönt. In festen Cliquen zogen wir jungen Leute durch die Szene, durchaus misstrauisch beäugt von den Eltern, die ihre eigenen Fahrdienste zunächst noch aufdrängten: „Um 22 Uhr hole ich dich ab, spätestens." Wenn dann der kleine Bruder ans Mikro des DJs ging und seine ältere Schwester quer durch die Disco ausrief, weil der Papa vor der Türe stand und wartete, dann konnte das schon peinlich werden.

Doch gehörten auch ältere Jugendliche zu den Gruppen, so dass sich immer öfter ein Fahrer oder eine Fahrerin fand. Im alten Käfer oder VW-Bus reisten wir zu den Auftritten unserer bevorzugten heimischen Bands oder leisteten uns hin und wieder auch eine Fahrt zum Konzert einer echten Rock-Größe.

Die Freunde und die Clique: In diesem Umfeld bewegten wir uns am liebsten, gingen in Discos und zu Konzerten – die Welt der Eltern war weit entfernt.

Kinofilme, die man gesehen haben musste

Die fast revolutionären Umwälzungen bei Musik, Mode, Erziehung und Politik in den 60er-Jahren machten auch vor dem Medium Film nicht Halt. Klassiker der Filmgeschichte entstanden in den Jahren zwischen 1960 und 1970, weltberühmte Regisseure und Schauspieler begründeten ihre Karriere in jenen Jahren.

Der Brite Stanley Kubrick zum Beispiel machte Furore: 1964 drehte er mit Peter Sellers in der Titelrolle den Film „Dr. Seltsam, oder wie ich lernte, die Bombe zu lieben“. Der Streifen zeigt mit grenzenlosem Sarkasmus den Wettrüstungs- und Weltvernichtungswahn der Supermächte und gilt heute weithin als die brillanteste Satire der Kinogeschichte. Kubricks zweiter Erfolgsfilm war der Science-Fiction-Klassiker „2001 – Odyssee im Weltraum“ aus dem Jahr 1968. Ein Jahr später heimste er drei Oscars ein. Stars wie Robert Redford und Paul Newman spielten 1969 in der Gauner- und Western-Komödie „Butch Cassidy und Sundance Kid“, bevor sie als perfektes Duo in „Der Clou“ (1973) begeisterten. Beide Filme entstanden unter der Regie von George Roy Hill.

Zum Welterfolg und Karrierestart für Dustin Hoffman wurde 1967 „Die Reifeprüfung“ (Bild o.): Die Geschichte eines braven Sohnes aus guter Familie, der nach dem College-Abschluss nicht weiß, wie es weitergehen soll und eine Affäre mit der Freundin seiner Mutter anfängt. Die Filmmusik mit Songs von Simon und Garfunkel gehört bis heute zu den Klassikern. Eine weitere Paraderolle für Hoffman war die des Verlierers Ratso in „Asphaltcowboy“ (1969).

Das europäische Kino kreierte Ende der 60er-Jahre den Italo-Western. Zu den Höhepunkten gehört bis heute der Sergio-Leone-Klassiker „Spiel mir das Lied vom Tod“ (1968, Bild u.) mit Stars wie Henry Fonda, Jason Robards, Charles Bronson und Claudia Cardinale.

Steve McQueen verkörperte in zahlreichen Filmen den einsamen Wolf, der allein gegen viele Widerstände kämpfen muss. Seine Autofahrten durch die Straßen von San Francisco mit einem Ford Mustang in „Bullitt“ (1968) sind die Vorlage für alle folgenden Verfolgungsjagden. Bereits 1960 kämpfte er bei den „Glorreichen Sieben“ an der Seite von Yul Brunner und Horst Buchholz.

Zu einem der erfolgreichsten Filme jener Jahre wurde die Verfilmung von „Dr. Schiwago“ von Boris Pasternak mit Omar Sharif und Julie Christie im Jahr 1966: Er holte fünf Oscars.

Diesen Streifen übertraf in Sachen Oscars nur noch der Liebesfilm-Hit „Love Story“ (1970) mit Ali McGraw und Ryan O'Neal: Er wurde mit sieben Oscars ausgezeichnet und zum Kultfilm einer ganzen Generation.

Strenges Regiment: Beim Start in den Beruf blieb die Freiheit der Schülerzeit auf der Strecke

Die Lehre beginnt

Wer mit 16, 17 Jahren die Schulzeit hinter sich hatte, für den ging das freie Schülerleben zunächst zu Ende. Die Eingewöhnung in den Arbeitsalltag an der Ausbildungsstelle spielte die Hauptrolle. Kleiderordnung, Benimmregeln, Haare bei den Jungen bis höchstens an die Ohren, eindeutige Autoritäten: Die Welt in den Betrieben, Behörden und Büros sah anders aus als die erträumte Freiheit und Ungebundenheit. Wer sich nicht einordnete, bekam Ärger. Jugendkultur und Lehre, das passte nicht immer gut zusammen. Da war Kompromissfähigkeit gefragt – und manches Mal auch ein klarer Rückzieher. Der Meister oder Ausbilder hatte im Zweifelsfall immer Recht. Umso wichtiger wurden dann die Wochenenden, an denen man tun und lassen konnte, was man wollte.

Welt, wir kommen!

Endlich 18 Jahre alt: 1972 durften wir wählen und die meisten konnten Auto fahren. Die einen lernten schon längst einen Beruf und hatten mehr als ein Taschengeld im Portemonnaie, die anderen büffelten für das Abitur, das nicht mehr weit entfernt war. Auf die eine oder andere Art und Weise traten wir ein ins Erwachsenenleben. Trotz mancher Krisen und Konflikte hatten wir 18 Jahre lang das Elternhaus, die Familie als Schutzraum erfahren, waren behütet aufgewachsen. Materielle Not hatte es für uns kaum gegeben, die Eltern versuchten immer, uns zu ermöglichen, was machbar schien.

Die Welt stand uns offen. Reisen ins Ausland hatten viele bereits erlebt, mit der Familie oder bei einem Austausch mit der Schule. Wer Mut und ein bisschen Glück hatte, schaffte sogar den Sprung über den Ozean und lernte das ferne Amerika kennen. Reisen mit anderen jungen Leuten zusammen kamen in Mode: Wir wurden unabhängiger und trafen unsere Entscheidungen nach eigenem Beschluss – auch ein Ergebnis des enormen gesellschaftlichen Wandels seit Mitte der 60er-Jahre.

Unsere Aussichten: durchaus viel versprechend. Der Wohlstand hatte ein erstaunliches Niveau erreicht, die Bildungsoffensive lief auf vollen Touren, sogar die Bedrohung durch den Ost-West-Konflikt wich einer vorsichtigen Annäherung der Blöcke. Politische Auseinandersetzungen, das hatten wir gelernt, mussten sein, sie waren nicht negativ, sondern positiv besetzt. Auch wenn die Staatsgewalt manche Überreaktion zeigte aus Angst vor RAF-Terroristen und politisch Andersdenkenden. Beispiel dafür: Der Radikalen-Erlass von 1972, der zu einem faktischen Berufsverbot im öffentlichen Dienst für alle wurde, die einer Überprüfung ihrer Gesinnung nicht standhielten. Der Erlass wurde Ende der 70er-Jahre wieder abgeschafft.

Wie ging es weiter? 1973 beschäftigte uns die erste weltweite Ölkrise, der autofreie Sonntag in Deutschland war eine der Kuriositäten. Und die geschlagenen US-Militärs verließen Vietnam, der Waffenstillstand wurde unterzeichnet. Für ihre erfolgreichen Verhandlungen, die den Krieg beendeten, erhielten US-Außenminister Henry Kissinger und der Vietnamese Le Duc Tho 1973 den Friedensnobelpreis. Und wir? Die Jugendzeit verabschiedete sich von uns. Doch sie hatte uns geprägt für unser weiteres Leben.

Auf ins Leben: Die Welt stand uns offen, Kinder- und Jugendzeit lagen hinter uns. Kritisch und optimistisch zugleich traten wir die Reise in unsere Zukunft an.